Irene Börjes · Tod am Teide

Irene Börjes

Tod am Teide

Kanaren-Krimi

Zech Verlag

Bibliografische Information: Die Deutsche Nationalbibliothek verzeichnet diese Publikation in der Deutschen Nationalbibliografie; detaillierte bibliografische Daten sind im Internet abrufbar über http://dnb.dnb.de.

Tod am Teide. Kanaren-Krimi
Alle Rechte vorbehalten · *All rights reserved*

© 2006-2012 Verlag Verena Zech, Santa Úrsula (Teneriffa)
www.zech-verlag.com · Tel./Fax: (+34) 922 302596
Text: Irene Börjes
Umschlaggestaltung und Satz: Verena Zech
Umschlagfoto: Moisés Pérez Pérez
Druck: Gráficas La Paz

Dep. Legal: J-71-2010
ISBN 978-84-934857-0-2
Printed in Spain

Inhaltsverzeichnis

Palmsonntag

Montag

Dienstag

Mittwoch

Gründonnerstag

Karfreitag

Samstag

Ostersonntag

Palmsonntag

»Die Fluggesellschaft Iberia teilt Ihnen mit, dass der Flug E 09131 aus Madrid mit einer voraussichtlichen Verspätung von 30 Minuten eintreffen wird. *La compañía Iberia les informa, que...*«

Enttäuschung und Ärger machte sich in der Ankunftshalle breit und während die Buchstaben der Anzeigentafel zu einem weiteren *Delay* rasselten, zogen einige Grüppchen zur Cafébar.

Andere hielten die Stellung wie das ungleiche Paar am gegenüberliegenden Ende der Schranke. Vermutlich waren sie Vater und Tochter, obwohl sie ihn um Hauteslänge überragte. Er schien Bauer zu sein, untersetzt, mit kantigem Schädel und so muskulösen Armen, dass sie fast die kurzen Ärmel seines weißen Hemdes sprengten. Seine kräftigen Hände hatte er nach der Ansage zu Fäusten geballt und ärgerlich gegeneinander geschlagen. Den viel zitierten fröhlichen Langmut der kanarischen Landbewohner strahlte er jedenfalls nicht aus. Weil sein linker Mundwinkel ein wenig herunter hing, wirkte er nicht nur verärgert, sondern geradezu grimmig. Lediglich die Art, wie er mit der jungen Frau sprach – zwar von unten herauf, aber doch so, als hätte er ihr etwas zu sagen – ließ darauf schließen, dass er ihr Vater war.

Beeindruckt war sie dennoch nicht. Zerstreut lächelte sie. Wie ein graziler, dunkler Engel schien sie über seinen Worten und über der ganzen Unruhe in der Ankunftshalle zu schweben. Das dunkle, fast schwarze Haar, in der Mitte gescheitelt, fiel ihr in sanften Wellen bis zur Taille. Überraschend hell strahlten graugrüne Augen im zartbraunen Gesicht.

7

Ihr Blick ging mal durch die Glastüren nach draußen, auf die von Straßenlaternen beschienene helle Steinwüste, über der hoch oben der Gipfel des Teide im Mondlicht glänzte, mal verlor er sich im Dunkel der Hallendecke. Obwohl sie keinen Lippenstift benutzt hatte, nahm sich ihr Mund riesig in dem schmalen Gesicht aus. Gekleidet war sie ganz irdisch in Jeans und Schlabber-Shirt. Gleich nach der Durchsage hatte sie in ihrer Tasche nach einer Zigarette gekramt, um sie unter den finsteren Blicken ihres Begleiters mit langen, langsamen Zügen zu rauchen.

Die falsche Blondine, die nur wenige Schritte weiter stand, hatte dagegen umso dicker aufgetragen. Korallenrote Lippen und dunkelviolette Lidschatten bis zu den Augenbrauen zu lilafarbenem Stretchkleid. Mindestens ein Dutzend Ringe blinkten an ihren kräftigen Armen, auch sonst war sie nicht gerade zierlich. Als einzige hatte sie bei der Durchsage erleichtert aufgeatmet und dabei das Geklimper mit ihrem Goldschmuck eingestellt. Vorher war sie unruhig zwischen Hallenausgang und Schranke hin- und hergelaufen, hatte ihr Handy erfolglos malträtiert, um dann ein Gespräch mit der neben ihr stehenden Männergruppe in Trainingsanzügen zu suchen. Nun zog sie entspannt Spiegel und Lippenstift aus der Handtasche und legte Farbe nach.

»Verspätung, ausgerechnet, wenn die arroganten Vasallen aus dem königlichen Lager kommen. Wie stehen wir denn da? Wie die Deppen!«, zischte der große, kompakte Typ mit Bürstenschnitt neben ihr. Seine Jacke klaffte an Hals und Brust auseinander. Heraus quoll schwarze, krause Behaarung, gekrönt von einem Goldkettchen.

»Was haben wir denn mit der Iberia zu tun, ist das etwa unsere Linie? Nee, das sind *Godos*, genau wie die.« Sein Nachbar trug eine identische blauweiße Kluft, war aber eher klein und hager. Laurel und Hardy im Sportdress auf den Kanaren. Als der Hagere sich umdrehte, wurde der Schriftzug »CD Tenerife« auf dem Rücken sichtbar.

Die beiden gehörten offensichtlich zum Team der erfolgreichsten Fußballmannschaft der Kanaren. Zurzeit dümpelte sie zwar nur auf den mittleren Tabellenplätzen der zweiten Liga, aber die Fans zehrten noch von den Erfolgen der Vergangenheit. Dank Trainer Jupp Heynckes hatte der Verein es nicht nur in die Erste Liga, die *Primera División* geschafft, sondern vor genau zehn Jahren sogar mit Real Madrid gleichgezogen und im UEFA-Pokal für Furore gesorgt.

»Bei den Deutschen haben die Osterferien angefangen und bei uns die *Semana Santa*. Alle Welt ist unterwegs und hat Verspätung.« Die gelassen klingende Stimme gehörte zu einem Mann, der an der Schranke lehnte. Vermutlich würde er im Trainingsanzug nirgendwo hingehen, nicht einmal auf den Sportplatz. Er hatte naturfarbene, klassische Leinenhosen mutig und geschmackvoll mit einem locker fallenden, tomatenroten Seidenhemd kombiniert. Genau der Typ von Latin Lover, der laut Umfrage der Zeitschrift Cosmopolitan bei Frauen um die 35 besonders begehrt ist. »CD Tenerife« stand auch auf der Sporttasche, die er lässig über die Schulter geworfen hatte.

Der ist trotzdem nichts für mich, hatte ich schon entschieden, als ich vor wenigen Minuten den strategisch günstigsten Standort gewählt hatte, gleich rechts vom Ausgang.

Mit spöttischem Lächeln hatte er mich von unten nach oben gemustert. Angefangen bei den klobigen Wanderstiefeln die nackten Beine hinauf über die Shorts hinweg war sein Blick sekundenlang an dem handgeschriebenen Schild hängen geblieben, das ich vor der Brust hielt, um mir dann direkt in die Augen zu schauen.

Viel zu schön und garantiert ein Obermacho, musste ich mein Herz beruhigen, denn ärgerlicherweise hatte es einen Extrahopser eingeschoben. Anders gekleidet, in meinem engen Mini und den neuen, schicken Sandaletten und vor allem ohne dieses Schild hätte ich genauso spöttisch zurück gelächelt, meinen Blick betont langsam von unten nach oben gleiten und vielleicht an der einen oder anderen Stelle etwas verweilen lassen, das hätte ihm garantiert einen Satz rote Ohren verpasst.

Aufdringliche Gaffer schlägt man, indem man noch aufdringlicher gafft. Aber für so eine Aktion musste man sich gut fühlen, und ich fand mich in meiner Wanderaufmachung plötzlich irgendwie peinlich. Ich sah deshalb durch ihn hindurch und schickte ein telepathisches »Guck doch den dunklen Engel dort an« hinüber, was er die Stirn runzelnd auch tat. Ich wollte mich jetzt ohnehin nicht ablenken lassen, denn vor mir lag das Abenteuer eines neuen Jobs.

»Wegreisen« stand auf meinem Schild, dazu passend hatte ich mit farbigen Filzstiften das Logo gezeichnet, eine Weglinie in Regenbogenfarben und an deren Ende eine Gestalt mit Buch und Wanderstock.

Entschuldigung, es wird Zeit, dass ich mich vorstelle:

Lisa Sommer, die Wander-, Studien- und Reiseleiterin obigen Unternehmens, daneben noch Gebietsleiterin für die Kanaren. All das in einer Person, denn es gibt nur mich, jedenfalls auf den Kanarischen Inseln. Ich mache diesen Job seit genau zwei Wochen. Geld gab es aber erst ab Ankunftstag der ersten Reisegruppe, wenn denn endlich der Flieger mit der Nummer E09131 landen würde und die Teilnehmer durch den Ausgang der Gepäck- in die Ankunftshalle kämen. Dann müsste ich sie nur nach links bugsieren, dahin, wo ich mich postiert hatte, denn es sollten nicht schon am ersten Tag

Gruppenmitglieder verloren gehen und Regresszahlungen fällig werden, die mein Honorar überstiegen.

Noch 14 Tage zuvor hätte ich nicht einmal im Traum daran gedacht, in dieser Aufmachung auf dem Flughafen Reina Sofía in Teneriffa-Süd zu stehen, mich von attraktiven Männern spöttisch betrachten zu lassen und dazu noch mit leichtem Bammel auf zwölf mir unbekannte Menschen zu warten. Kaum zu glauben, vor nur wenigen Tagen war ich noch völlig mit mir im Reinen gewesen und hatte, in meinen Seidenkimono gehüllt, entspannt die milde Luft auf meiner Terrasse auf der kleinen Nachbarinsel La Palma genossen.

Der Morgen hatte gut angefangen. Die Sonne war über die Berge gestiegen und hatte den Frühstücksplatz beschienen, genau so wie ich es mir immer gewünscht hatte. Geranien blühten rosa und rot, weiße Margeritensterne leuchteten aus frischem Grün, die blassblauen Köpfe des Plumbargo-Busches auf der Terrasse rundeten das pastellige Idyll ab. Bienen summten. Sie folgten ohne Umweg über mein Honigbrot dem Blütenduft des persischen Flieders, der das Zentrum der Terrasse beschattete. Dort krochen sie in die winzigen Kelche und machten sich wenige Augenblicke später, beladen mit goldenem Staub, auf den Heimweg. Ich hatte mir eine zweite Tasse Kaffee eingeschenkt und es mir im Korbsessel in der Sonne gemütlich gemacht. Genauso sollte es sein. Genauso hatte ich mich im vergangenen Jahr gesehen, beim Sonntagsfrühstück in Hamburg, wenn vor dem Fenster der Regen niederging und ich meinen Traum vom Leben auf La Palma vor Augen hatte.

Den Entschluss, dieses kleine Anwesen zu kaufen, hatte ich spontan gefasst, als ich während meines ersten Urlaubs auf La Palma den steinigen Pfad zu dem kleinen Haus hinaufgestiegen war, und ihn ebenso spontan in die Tat umgesetzt. Seither wollte ich wie jetzt die Blütenpracht genießen und in die Sonne blinzeln. Ich hatte Schluss gemacht mit meinem früheren Leben, hatte, zunächst nur zur Probe, sechs Monate dunklen Himmel pro Jahr gegen zwölf Monate Helligkeit eingetauscht.

Inzwischen ging es mir richtig gut, denn ich hatte mich entschieden, dauerhaft auf dieser kleinen, grünen kanarischen Insel zu leben. War nur die Frage, wie sich so ein Leben finanzieren ließ? Eine Erbschaft war nicht zu erwarten, kein Mäzen in Sicht. Als besonders bedrückend empfand ich diese Frage aber nicht.

Ich hatte gerade erst meinen 35. Geburtstag gefeiert und konnte mein Leben meistern. Das hatte ich immer schon gekonnt. Ich war beruflich erfolgreich genug gewesen, um dieses romantische, aber dürftige Häuschen kaufen und mich fast ein Jahr ausschließlich mit seiner Renovierung und der Anlage eines Gartens beschäftigen zu können.

Jetzt war das Werk fast vollbracht. Der Garten musste noch einwachsen, bot aber Terrassen mit Schatten- und Sonnenplätzen für jede Tages- und Jahreszeit. Im Haus gab es zwar noch den einen oder anderen Mangel, aber damit konnte ich erst einmal leben.

Ideen, wie ich meinen Lebensunterhalt bestreiten könnte, hatte ich genug. Mein aktueller Favorit war ein Restaurant für Vollwertkost. Nicht nur für Vegetarier, womöglich ideologisch befrachtet, bloß das nicht. Ich hatte Urlauber- und aktuelle Angebotsstruktur analysiert, Lage und passende Räumlichkeiten gecheckt, über Personal und Einrichtungen nachgedacht und mich an Speisefolgen und Tischdekoration begeistert.

So ein Restaurant musste ein Erfolg werden. Noch gab es nichts Vergleichbares, und La Palma-Urlauber waren genau

die Leute, die auf dem Isestraßenmarkt in Hamburg die Brat-
wurst links liegen ließen und den Stand mit der Gemüsepizza
ansteuerten.

Ich sinnierte mit Genuss über die Garzeiten von Tomatentorte und Quiche mit frischem Mangold, als eine Stimme
mich hochschreckte.

»Hallo, guten Morgen!« Die Stimme kannte ich nicht und
den mittelalterlichen, rotblonden Mann, dessen Nase ganz
offensichtlich zuviel Sonne abbekommen hatte, auch nicht.
Er trocknete sich mit einem schon reichlich verknautschten
Taschentuch die Stirn, als er auf die Terrasse kam.

»Bist du Lisa?«

»Ja, und wer bist du?«

Er atmete erleichtert auf. »Frank Wegner, von Wegreisen«.

Unaufgefordert ließ er sich in den zweiten Korbsessel
am Tisch fallen, der empört knarrte, und knöpfte sich unter
meinem entsetzten Blick das Hemd auf.

»Ich muss erst einmal verschnaufen«, keuchte er und wedelte sich mit den Hemdzipfeln Luft auf den schweißnassen
Bauch. »War nicht einfach, dich hier am Ende der Welt zu
finden«, und mit begehrlichem Blick auf meine Kaffeetasse:
»Hast Du noch einen Kaffee für mich?«

Wegreisen kannte ich: Ein eher kleines Wander- und
Studienreise-Unternehmen, mit dem ich vor Jahren einmal
in Israel und Jordanien gewesen war. Es war eine gute Reise
gewesen, »Wasser und Wüsten« war das Thema, mit einem
angenehmen Wasserbauingenieur als Leiter und einer sehr
sympathischen Gruppe. Bevor meine Restaurantträume blühten, hatte ich die Idee gehabt, für Wegreisen auf den Kanaren
zu arbeiten, aber auf meine Anfrage und mein eingesandtes
Konzept war eine Absage gekommen. Man konzentrierte sich
auf das Hauptgeschäft.

Hatten sie ihre Meinung geändert? Hatten sie erst jetzt meine Vorschläge gelesen und festgestellt, dass Wasser und Wüsten auch auf den Kanaren ein Thema waren? Und wenn ja, warum erschien der Chef persönlich und so plötzlich und dann noch ohne Ankündigung, überlegte ich auf dem Weg in die Küche.

»Mit Milch und Zucker, und wenn du schon unterwegs bist, bring mir doch gleich ein Glas Wasser mit«, tönte es von der Terrasse.

Und überhaupt, führte der sich immer so unverfroren auf?

Die ersten Fragen waren schnell geklärt, nachdem ich mit frischem Kaffee, Milchtüte, Zuckerdose und einem Glas Wasser zurückgekehrt war. Es waren nicht meine Ideen gewesen, die ihn überzeugt hatten, sondern die Not. Die politische Lage drohte nicht nur den Nahen Osten zu zerstören, sondern gefährdete auch das kleine Unternehmen. Die Hauptreisezeit begann in wenigen Wochen, und eine ganze Reihe der Reisen ließ sich wegen der Gefahren von Selbstmordanschlägen und unkalkulierbaren Militäraktionen nicht riskieren.

»Da bleibt mir nur eine Möglichkeit, die Pleite abzuwenden, nämlich den Kunden schleunigst eine Alternative in einer krisensicheren Region anzubieten, auf den Kanaren, dachte ich.«

»Und wie willst du das machen? Was ist mit Hotels, Bussen, Reiseleitung, und welches sollen die Inhalte der Reisen sein?«

»Ich dachte mir, das machst du. Ich habe dein Papier gelesen, das war okay. Wie gut kennst du dich auf Teneriffa aus? Dorthin sollen unsere ersten Reisen führen. Das ist ja bestens. Wanderst du gern? Prima, das wollen die Kunden auch. Du informierst sie über die Inseln. Die Kanaren sind doch vulkanisch, oder? Na super, das interessiert die Leute immer.«

Studienreisen, kein Problem, das war ja fast mein alter Job, und Wandern gehörte zu meinen Lieblingsbeschäftigungen. Plötzlich summten nicht mehr die Bienen in meinen Ohren, sondern mein Blut.

Der Kick, von dem ich mich entwöhnt geglaubt hatte, war wieder da und in mein eben noch so beschauliches Leben gedrungen. Ich bemerkte, dass ich zu seinen Worten begeistert nickte. Ich war ganz offensichtlich nicht von der Stresssucht geheilt, denn meine Venen begrüßten das Adrenalin wie einen lieben alten Bekannten. Ein weiterer Schub folgte, als Frank zufrieden bemerkte:

»Ich habe 43 Teilnehmer für drei Gruppen. Die erste kommt in zwei Wochen, die anderen dann jeweils im Anschluss. Na, dann sollten wir mal loslegen, welches Hotel kannst du empfehlen? Die Reisen sind nicht ganz billig, da brauchen wir was Ordentliches.«

Krisenmanagement, das Unmögliche doch noch zu packen, war mir immer am liebsten gewesen. Hauptsaison, 43 Teilnehmer und noch 14 Tage Zeit, da gackern ja die Hühner. Ich warf meinen Phantasieprodukten eine Kusshand zu: Liebe Tomatentorte, liebe Gemüsequiche, ihr müsst noch etwas warten. Eure eben noch vollkommen relaxte Köchin hat leider anderweitig zu tun. Sie ist innerhalb von wenigen Minuten zur Reiseleiterin mutiert. Keine Angst, ich komme wieder, ich mache nur einen kurzen Ausflug in mein früheres Leben und bringe euch einen ganz feinen Edelstahlbackofen mit, selbstverständlich mit Umluft und Turboantrieb.

»*La compañía Iberia les informa...*« Weitere 20 Minuten Verspätung. Langsam wurde auch ich nervös, trat von einem Fuß auf den anderen. Trieb die Wartezeit die Kosten für den Bus in die Höhe? Vermietete das Hotel womöglich die mühsam ergatterten Zimmer weiter, wenn wir nicht rechtzeitig kämen?

»Keine Sorge, das ist immer so um diese Jahreszeit.« Ramón, der Busfahrer, stand plötzlich neben mir und nahm mir das Schild ab, auf dem meine schweißnassen Finger bereits Spuren hinterlassen hatten.

»Geh ruhig ein bisschen spazieren, ich warte solange hier.« Das war echt nett von ihm.

Ich schlenderte an der Schranke und den anderen Wartenden vorbei zum Stand der Touristeninformation. Mit Inselplänen und Infomaterial über Museen und Freizeitparks hatte ich mich zwar schon reichlich eingedeckt, so dass ich die ganze Gruppe damit versorgen konnte, aber ein weiterer Blick auf die Angebote konnte nicht schaden. Rund um den Kiosk bauten Arbeiter Vitrinen auf. Einige waren schon gefüllt, eine Schautafel stand daneben.

»Teneriffa und seine Vulkane«, stand in großen Lettern über der Abbildung des Teide.

»Der Teide ist nicht nur einer der jungen Vulkane des Archipels, sondern mit seinen 3718 Metern der höchste Berg Spaniens und die höchste Erhebung im Atlantik.«

Im Kopf repetierte ich meinen Text für den Ausflug in den Nationalpark. Oder sollte ich 3717 oder 3719 m sagen? Die Zahlen variierten je nach Auskunftsquelle. Möglicherweise hatten die Urlauber, die jeden Tag auf den Gipfel stiegen, schon einige Meter der lockeren Asche heruntergetrampelt. Am besten, ich stellte alle drei Zahlen vor und die Probleme, die Umweltschützer damit haben. Immerhin hatten sie es geschafft, die Zahl der Personen, die bis zum Krater aufsteigen dürfen, auf 100 täglich zu begrenzen. Da haben die Teilnehmer was zu denken und reden.

Gar nicht schlecht, die Ausstellung am Ankunftstag der

Gruppe, da konnte ich die Verspätung nutzen, um letzte Unsicherheiten zum Thema Vulkanismus abzubauen. Ich schaute mir die bereits dekorierten Vitrinen genauer an.

»Hier sehen Sie ein typisches Beispiel für Brocken- oder Schollenlava, auch mit dem *Terminus technicus* Aa-Lava bezeichnet, der auf hawaiische Vulkane zurückzuführen ist.« Fast lautlos murmelte ich weiter: »Sie entsteht meist zu Beginn eines Vulkanausbruchs, wenn zähflüssige, stark durchgaste Lava nach außen dringt. Die Gasbläschen werden entweder im erkalteten Stein eingeschlossen und ergeben einen porösen Stein, oder sie steigen nach oben und durchbrechen die Masse mit einem ›Blopp‹. Dabei entsteht die scharfkantige, bizarre Oberfläche, weil das Material genau in dem Moment, in dem es auseinanderspritzt, erstarrt.«

Okay, das saß. Gleich daneben lag ein faustgroßer, glatter, säulenförmiger, blauschwarzer Stein ganz anderer Art.

»Hier«, fuhr ich halblaut fort, »liegt nun ein Stück Basalt. Basalt bildet sich aus dünnflüssiger Lava. Die Gase können schnell und ungehindert entweichen, das Ergebnis ist deshalb ein massiver, schwerer Stein. Wenn sich die erkaltete Lava zusammenzieht, bilden sich die typischen Risse, die den Stein in fünfkantige Säulen teilt. Wir sehen sie hier nur als scharfen Kanten. Basalt entsteht immer dann, wenn die Lava mehr als 52 Prozent Silikat enthält.«

Oder waren es weniger als 52 Prozent? Hilfe! Hoffentlich ist kein Vulkanologe in der Gruppe. Ein Prof. stand auf der Teilnehmerliste, und zwei hatten ein Dr. ihrem Namen vorangestellt, die Angeber.

»Entschuldigen Sie bitte, wie viel Silikat enthält Basalt?« Der angesprochene Mann, der die Steine sortierte, war wohl kein Vulkanologe, jedenfalls guckte er verständnislos und deutete auf die junge Frau am Kiosktresen.

»Guten Tag, ich interessiere mich für ihre Ausstellung.«
Sie lächelte mich erfreut an, und ich fuhr hoffnungsvoll
fort:

»Können sie mir sagen, wie viel Silikat Basalt enthält?
Mehr als 52 Prozent oder weniger?«

Wäre der Lärmpegel in der Halle nicht so hoch gewesen,
hätte man sicher hören können, wie ihr Unterkiefer herun-
terklappte.

»Oh, äh, ich bin nur eine Studentin zur Aushilfe. Oben
im Informationszentrum des Nationalparks kann man Ihnen
sicher eine genaue Auskunft geben.« Sie lächelte mich um
Entschuldigung bittend an.

»Oder, halt, warten Sie, ich habe hier eine Liste aller wichtigen Adressen und Telefonnummern auf Teneriffa. Sehen Sie,
hier ist die Nummer vom Geologischen Institut, dort können
Sie sicher auch anrufen. Und wenn Sie den Silikongehalt erfahren haben, sagen Sie es mir doch bitte. Vielleicht kommen
noch mehr Urlauber, die das wissen möchten. Ich bin immer
samstags ab 14 Uhr und den ganzen Sonntag hier, oder Sie
rufen mich einfach an.« Sie reichte mir eine Visitenkarte des
Tourismusverbandes.

So etwas Liebenswürdiges und Bemühtes hatte ich wirklich
selten erlebt. Da mochte ich den Versprecher von Silikat und
Silikon nicht korrigieren. Hoffentlich würde ich ihn nicht
selbst irgendwann einmal machen. Ich schämte mich direkt,
dass ich sie mit einer derartig speziellen Frage in Verlegenheit
gebracht hatte und bedankte mich deshalb überschwänglich
für ihre Hilfe.

Beim Geologischen Institut würde ich selbstverständlich
nicht anrufen. Es reichte, wenn ich nachher im Hotel in die
vorsorglich mitgeschleppten Fachbücher schaute.

»Die Fluggesellschaft Iberia teilt Ihnen mit, dass der Flug mit der Nummer E 09131 aus Madrid soeben gelandet ist. *La compañía Iberia…*« Na endlich, alles klar, ich hatte verstanden.

Gut, dass Ramón die Stellung gehalten hatte, denn das Gedränge am Ausgang war enorm. Die Zahl der Typen in Trainingsanzügen hatte sich verdoppelt, sie standen jetzt im Scheinwerferlicht eines Aufnahmeteams von TV 2, und wer stand mittendrin und gab der mit Schmuck behängten, falschen Blondine gerade ein Interview? Der Latin Lover. Der nun wieder. Rundherum Schaulustige, wahrscheinlich Fans. Da wurde wohl der CD Tenerife nach einem erfolgreichen Auswärtsspiel zurückerwartet. Aber ich hatte keine Zeit, darüber nachzudenken, denn kaum hatte ich mich mit dem Schild wieder rechts von der Schranke platziert, kamen schon die ersten Fluggäste aus der Gepäckhalle, und, wunderbar, bei Zweien prangte ein leuchtender »Wegreisen«-Aufkleber auf dem Koffer.

»Hallo und herzlich willkommen auf Teneriffa«, perlte eine mir unbekannte Reiseleiterinnenstimme von den Lippen, dem Träger eines graumelierten Bartes entgegen.

»Danke, ich bin Hajo Kleinschmidt, Hans Joachim steht wohl auf der Teilnehmerliste, und das ist Regina Börnsen«, stellte er eine langbeinige Brünette mit lockigem Pferdeschwanz vor.

Der Herr Professor machte den Anfang. Er hat wohl seine Lieblingsstudentin mitgebracht, war mein erster Gedanke. Sahen aber ganz nett aus, die beiden.

Beim Abhaken auf der Teilnehmerliste entdeckte ich bei Regina Börnsen ein Dr. vor dem Namen. Soviel zum Thema vorschnelle Urteile, um nicht zu sagen Vorurteile, dachte ich und platzierte sie neben Ramón, denn schon stürzten zwei junge Frauen auf mich zu.

»Hallo, du bist bestimmt Lisa, das ist Laura und ich bin Jenny«, sprudelte die erste hervor. Jenny und Laura traten die Reise im Partnerlook an. Beide hatten streichholzkurze, karottenrote Haare, waren komplett schwarz gekleidet und mit reichlich Steckschmuck an sichtbaren und möglicherweise auch unsichtbaren Körperteilen ausgestattet. Bei der zierlichen Laura konzentrierte er sich an den Ohrmuscheln, bei Jenny an den Nasenflügeln.

»Das ist toll, eine Frau als Studienreiseleiterin, eigentlich wollten wir die Wüstentour mit dem Jeep durch Jordanien machen, die sollte ein Kerl leiten. Als das nicht klappte, waren wir erst total sauer. Aber nachdem wir gelesen hatten, dass eine Frau diese Reise leitet, war das nicht nur irgendein Ersatz für uns, sondern sogar eine Verbesserung.«

»Hauptsache, ihr findet das am Ende der Reise auch noch«, erwiderte ich, hakte sie auf der Liste ab und bat sie unverbindlich lächelnd zu Ramón, um nach den nächsten Teilnehmern Ausschau zu halten. Bisher klappte ja alles wie am Schnürchen.

Plötzlich brandete lauter Beifall auf. Die Scheinwerfer des Fernsehteams richteten sich auf vier, fünf junge Männer in grünen Blazern mit Clubabzeichen auf der Brusttasche. Das waren wohl die Spieler vom CD Tenerife.

Auf mich wirkten sie ziemlich klein gewachsen, außerdem sahen sie rührend jung und brav aus, so hatte ich mir Fußballprofis nicht vorgestellt. Das Trainingsanzugskomitee begrüßte sie mit Umarmungen und Rückenklopfern.

»He, das ist ja ein Empfang, wer saß denn da in der ersten Klasse bei uns im Flieger? Ich bin übrigens Burghard Schaubner.«

»Da kommt wohl…«

»Mensch, das ist ja die Mannschaft von Real Madrid.

Mensch, das darf nicht wahr sein, da kommt Stefan Neumann. Wahnsinn, dass ich das erleben darf!«

Burghard Schaubner, ein eher unsportlich, wenn nicht sogar wabbelig aussehender Mann von etwa 45 Jahren, mit einem zottelig unter seiner Nase hängendem Schnauzer und einem farblosen, fusseligen Haarkranz, der in alle Richtungen abstand, boxte mir begeistert auf die Schultern. Ein Glück, dass ich nichts von CD Tenerife gesagt hatte, da hätte ich meine Karriere als Reiseleiterin ja beinahe mit einer Falschinformation gestartet.

»*Godos*, königliche Vasallen«, klang es mir in den Ohren, wieso war ich nicht gleich auf Real Madrid gekommen?

»Ste-fan, Ste-fan, Ste-fan«, skandierten jetzt deutsche Fans, die ihr Glück über diese Begegnung bei der Ankunft auf Teneriffa nicht fassen konnten, und mein Professor und Frau Doktor brüllten mit.

»Este-ban, Este-ban, Este-ban«, zogen die Spanier nach und irgendwie klang das rhythmischer, obwohl ich das »E«, das Spanier jedem St und Sp voran setzen, überhaupt nicht leiden kann, weil es sich immer wie »Äh« anhört.

Stefan Neumann: dreifach gekrönter Fußballer des Jahres. Nur kurz hatte die deutsche Presse ihm übel genommen, dass er zu Real Madrid gewechselt war. Danach überschlugen sich die Berichte über seine Erfolge, und dann kamen die Homestorys. Der große Neumann mit seiner kleinen Frau und den niedlichen Kindern am Pool seiner Hacienda, das Rassepferd am Zügel haltend, im Hintergrund leuchtete der rote Ferrari.

Ja, sogar ich erkannte ihn, als er durch die jetzt weit geöffnete Tür in die Ankunftshalle trat, denn er hatte zu Rudis »Riesen« in der deutschen Nationalmannschaft 2002 gehört, die zum Erstaunen der deutschen Fans die Vizeweltmeisterschaft erkämpft hatte. Er überragte alle Anwesenden um Haupteslänge. Weil in diesem Moment keine weiteren Fluggäste die Gepäckhalle verließen, konnte ihn die Kamera ungehindert erfassen.

Genau dieser Stefan Neumann stutzte jetzt, drehte sich, wohl überwältigt von dieser herzlichen Aufnahme, den Beifall klatschenden Menschen zu, dann verbeugte er sich und bedankte sich artig für den Applaus, ließ dabei ein Lächeln aufblitzen und strich mit der bekannten Geste seine weißblonde Tolle aus der Stirn.

Ein Aufstöhnen der weiblichen Fans begleitete die Handbewegung.

»Ach, ist der süüüß«, hauchte mir jemand ins Ohr. War das etwa Laura oder Jenny?

Und überhaupt, warum kam Stefan Neumann direkt auf mich zu? Der gehörte doch gar nicht zu meiner Gruppe. Stand ich im Weg? Der kannte mich doch gar nicht! Guckte er mich so intensiv an oder jemanden hinter mir?

Es gab es keinen Irrtum. Die wasserblauen Augen des Jahrhundertspielers bohrten sich geradewegs in meine veilchenblauen. Und dabei sah ich doch in dieser Wanderaufmachung nicht einmal gut aus. War denn die ganze Welt verrückt?

Als er den Mund öffnete, die Arme ausstreckte und, ausgeleuchtet von Scheinwerfern, die Tasche fallen ließ, um sich zu mir zu beugen, machte ich einen Schritt zurück. Das wurde mir nun doch zu intensiv. Nur, hinter mir stand noch das Gepäck von Burghard, Jenny und Laura, und so stürzte ich hintenüber in eine Landschaft aus Reisetaschen und Rucksäcken, und Stefan Neumann landete über mir.

Da lag ich nun, mit vor Pein geschlossen Augen, er reichlich schlaff auf mir, den Kopf auf meinem Busen gebettet. Wirklich, unmöglich das ganze. Aber, warum war es plötzlich so still?

Vorsichtig öffnete ich die Augen. Vor mir seine berühmte Tolle, doch die sah überhaupt nicht mehr weißblond aus, sondern ziemlich rot und in seinem Gesicht blitzte kein Lächeln auf. Langsam dämmerte mir, dass darin niemals mehr etwas aufblitzen würde. Stefan Neumann, der Champ, lag nicht nur auf mir, Stefan Neumann war tot.

Wäre das hier ein B-Movie gewesen, hätte ich jetzt schrecklich schreien müssen. Aber ich kann B-Movies und schreiende Frauen in Filmen nicht ausstehen. Ich schrie also nicht. Hätte ich auch nicht gekonnt, denn ich musste die Lippen zusammenpressen, weil mir ungeheuer schlecht geworden war.

Es war Ramón gewesen, der alles geregelt hatte. Er schaffte es, alle zwölf Gruppenmitglieder in dem Menschenknäuel, das sich rasch um uns gebildet hatte, zu finden und heraus zu leiten. In einer kurzen, aber heftigen Diskussion brachte er es sogar fertig, eine kräftige Gestalt von der Policía Nacional davon zu überzeugen, dass sie mich und die Gruppe jederzeit im Hotel erreichen und dort ausgiebig befragen könnten. Dann hakte er mich unter und marschierte, alle weiteren Polizisten ignorierend und die vor mir herlaufenden Kameraleute und Journalisten beiseite schiebend, mit uns zum Bus.

»Lass mal stecken«, sagte er, nachdem er unseren verstörten Haufen an der Hotelrezeption mit einigen erklärenden Worten abgeliefert hatte und ich aus lauter Dankbarkeit einen Fünf-Euro-Schein aus meiner Tasche fischte. »Ich weiß doch, was Reiseleiter verdienen.«

Ja, ich war immer noch die Reiseleiterin, und zwölf Augenpaare schauten mich erwartungsvoll an, während sich die gläsernen Flügeltüren mit dem eingravierten Schriftzug

»Hotel Médano« hinter Ramón auspendelten. »Trotz alledem würden wir gerne wissen, wie es weiter geht, unser Urlaub hat angefangen, und wir haben schließlich eine Gruppenreise gebucht, damit wir uns um nichts kümmern müssen.«

Ein mir noch unbekannter, blonder, athletischer Typ mit hirschledernen Kniebundhosen und kariertem Flanellhemd sprach aus, was alle dachten. Jedenfalls nickten elf Köpfe dazu.

»Ähm, ähm...« Ich musste mich erst einmal frei räuspern und auf die Schnelle ein paar klare Gedanken zu fassen.

»Nach diesem aufregenden Anfang«, versuchte ich einen müden Scherz, auf den niemand reagierte, »kann es ja nur ruhiger weitergehen. Ich denke, Sie würden morgen gern ausschlafen, es ist schließlich schon spät. Wir treffen uns deshalb erst um 10 Uhr nach dem Frühstück im Fernsehraum zu einer Vorstellungsrunde und dem Programmgespräch. Den Speisesaal, in dem das Frühstück eingenommen wird, finden Sie, wenn Sie diesen Gang geradeaus durchgehen, die Bar liegt dahinter. Alle, die noch nicht müde sind, lade ich in 30 Minuten dort zu einem Getränk ein«.

Wenn es ein Problem gegeben hat, solltest Du nicht viel erklären, sondern einen ausgeben, hatte Frank mich in seine gesammelten Reiseleitererfahrungen eingeweiht. Dann würden sie ihren Ärger vergessen und wären wieder froh.

Alle nickten, aber fröhlich sah niemand aus.

Der heiße Wasserstrahl brauste auf meinen Kopf und spülte die letzten roten Flecken aus dem Haar. Nur nicht hinsehen, sonst verlierst du wieder die Fassung, sagte ich mir.

Was war eigentlich genau passiert? Warum war Stefan Neumann tot auf mir gelandet? Hatte jemand geschossen oder ein Messer geworfen? Einen Schuss hatte ich jedenfalls nicht gehört, aber ich war ja auch voll auf meinen neuen Job konzentriert gewesen. Vielleicht hatte der Schütze auch einen Schalldämpfer benutzt. Ich drehte den Hahn energisch erst auf Kalt und dann auf Aus. Beim Trockenrubbeln sah ich die unglückliche Szene wieder vor mir.

Stefan Neumann wurde hochgehoben und entschwand aus meinem Blickfeld. Um mich herum Straßenschuhe, Sandalen und jede Menge Wanderstiefel. Aber die interessierten mich im Moment nicht, ich kämpfte noch immer gegen die Übelkeit.

»Hallo, sind Sie verletzt?«, eine Männerstimme über mir. Er hielt mir ein Fläschchen unter die Nase, ich atmete ein, mir wurde wohler, und ich schaute hoch. Trainingsanzug, behaarte Brust, Goldkettchen, der Typ war wohl Mediziner, Sanitäter, Masseur oder sonst irgendjemand aus der Wiederbelebungstruppe vom CD Tenerife.

Ich betastete meinen Kopf, bewegte Arme und Beine. »Bin wohl okay«, kam es krächzend aus meinem Mund.

Er lenkte den Strahl einer Minitaschenlampe in meine Augen und verkündete: »Kein Schock, die ist in Ordnung.«

Jemand wischte mir das Gesicht ab und streifte mir eine Jacke über. Das war Laura. Ich war ihr unendlich dankbar. Ramón nahm meinen Arm, ich rappelte mich hoch, hinter mir setzte das Surren von Kofferrädchen ein, dann stolperte ich nach draußen in die kühle Nachtluft und konnte endlich wieder richtig durchatmen.

Die 30 Minuten waren gleich um. Ich musste mich jetzt etwas verwöhnen, deshalb schnell in die Seidenhose, die eigentlich erst für den Abschiedsabend vorgesehen war, in das passende Oberteil aus Samt und die neuen Sandaletten geschlüpft. Dann noch mit der Bürste durch die störrischen dunklen Locken, Wimpern getuscht und los.

»Es war ein Stein. Nein, er kam nicht von oben, er kam von der Seite aus Richtung Hallenausgang geflogen. Geflogen ist eigentlich nicht das richtige Wort, er kam eher angezischt, wie ein Pfeil in gerader Linie, und er hat Stefan Neumann mit voller Wucht an der Schläfe getroffen.«

Burghard Schaubner, Burghard, wie er seit 15 Minuten nur noch für uns hieß, war der einzige gewesen, zumindest von den sechs Durstigen, die meine Einladung angenommen hatten, der gesehen hatte, was passiert war.

Die Vulkansteinausstellung, durchfuhr es mich. »War es Aa-La…«, alle schauten mich befremdet an.

»War es A a-Lava oder Basalt oder vielleicht ein heller Toscastein?«, brachte ich meine Frage zu Ende.

Die Mienen glätteten sich nur etwas. Klar, unsere Reise hatte ja erst angefangen, diese Frage könnte ich in einer Woche vielleicht noch einmal stellen. Ehrlich gesagt, bevor ich mich auf diese Studienreise vorbereitet hatte, hätte ich sie auch nicht beantworten können.

Erst nachdem schon alles vereinbart worden war, hatte Frank mit einem »Was ich noch sagen wollte« die folgenschweren Sätze eingeleitet: »Die Teilnehmer unserer Reisen sind vielseitig interessiert, sie erwarten fundierte Informationen nicht nur über Botanik und Geologie, sondern auch über Wirtschaft, Ökologie, aktuelle Politik, über Land und Leute. Na, du weißt schon, das ganze Paket eben. Wir rechtfertigen unseren hohen Preis auch mit unseren besonders qualifizierten Reiseleitern. Das ist doch wohl kein Problem für dich, oder?«

Hätte ich das vorher gewusst, wäre ich bestimmt nicht mit dem üblichen Reiseleiterhonorar einverstanden gewesen, denn so begann meine Arbeit sofort und nicht erst mit dem Ankunftstag. In den folgenden Tagen verschaffte ich den Buchläden und Zeitungskiosken auf La Palma und Teneriffa gute Umsätze mit all dem Material, das sich dann überall in meinem Minihäuschen stapelte, selbst neben und im Bett, und ein Teil davon stapelte sich jetzt auch oben im Hotelzimmer.

»Ist es nicht vollkommen egal, was für ein Stein es war?« unterbrach Martin, der Hirschlederne, meine Rückschau. Er kam übrigens nicht aus Bayern, wie ich einfallslos getippt hatte, sondern aus Hannover.

»Nein, keineswegs, denn wenn es Aa-Lava oder Basalt gewesen ist, oder ein anderer Stein aus einer Ausstellung, die ich in der Ankunftshalle gesehen habe, muss der Werfer schon in der Halle gewesen sein, den konnte er sich aus der Ausstellung dort gegriffen haben. Einen der fast weißen Toscabrocken kann er auf die Schnelle einfach draußen aufgehoben haben, das hieße in beiden Fällen, er hat spontan gehandelt. Wenn es ein ganz anderer Stein war, dann hat er ihn auf jeden Fall mitgebracht und die Tat war geplant«, gab ich, mein frisch erworbenes geologisches Wissen geschickt unterbringend, zurück.

»Warum müssen wir das denn wissen?«, bohrte Martin nach.

Er hatte Recht, das mussten wir überhaupt nicht wissen. Aber irgendwie kann ich unbeantwortete Fragen nicht leiden.

»Mich würde viel eher interessieren, wie jemand einen Stein so genau werfen kann, dass er Stefan Neumann an der Schläfe trifft und tötet?«, meldete sich Jenny zu Wort.

»Also, abgesehen davon, dass ich hier Urlaub machen und eigentlich keine ballistischen Fragen erörtern will«, versetzte Martin »denke ich, dass ein geübter Werfer bei der Entfernung schon ziemlich genau treffen kann. Ihr würdet euch wundern, wie viele Schüler nach ein paar Wochen Training bei den Bundesjugendspielen richtig gute Ergebnisse erzielen.«

»Aha, ein Sportlehrer gibt sich die Ehre, da werde ich mit meiner Kondition bei den Wanderungen wohl hinterher keuchen müssen«, witzelte Burghard. »Mir machen solche Diskussionen ins Blaue Spaß«, fuhr er fort, deshalb spinne ich sie gleich mal weiter, Schüler werfen mit Bällen und nicht mit Steinen...«

»He, he, was heißt hier Spaß, es hat einen Toten gegeben, und denk mal an die Hooligans«, warf Jenny empört ein. »Die werfen doch auch allerhand Dinge auf das Spielfeld, Flaschen und so.«

»Hm..., das ist ein guter Einwand, das wäre eine Variante, aber soweit ich weiß, sind Hooligans kein spanisches Phänomen.«

Er hielt nachdenklich inne, zupfte an seinem Walrossbart und schüttelte dann den Kopf.

»Nein, von spanischen Hooligans habe ich noch nie gehört. Die Halle war voll mit Fußballspielern und ihren Fans. Die befördern den Ball mit dem Fuß und nicht mit der Hand weiter. Steinewerfen ist nach meiner Kenntnis keine olympische Disziplin. Und ich kann euch hier verraten, Steine sind üblicherweise nicht rund, außerdem können Steine schwer wie Basalt sein oder leicht wie Tosca oder superleicht wie Bimsstein«, er blinzelte mir zu, »und sie verhalten sich entsprechend unterschiedlich beim Wurf. Davon, dass selbst ein gut trainierter Schüler so einen gezielten Treffer mit einem Stein landen würde, kann überhaupt keine Rede sein. Ich schließe Bims schon mal von vornherein aus. Der Stein muss schwer und scharfkantig gewesen sein, um so gezielt zu fliegen und so eine Wunde zu reißen. Also, wenn ich so darüber nachdenke, kann es nur Basalt gewesen sein.«

»Vielen Dank für das Kurzreferat. Den Wahrheitsgehalt will ich hier gar nicht beurteilen, denn ich finde dieses Gespräch vollkommen überflüssig. Warum gehen wir eigentlich davon aus, dass der Stein Stefan Neumann treffen oder gar töten sollte? Warum wittern wir einen Mord an Stefan Neumann? Es gibt doch tausendundeine andere Möglichkeit?« Martin nahm den Fehdehandschuh auf, den Burghard ihm hingeworfen hatte. Er guckte fragend in die Runde.

»Mir scheint, dass einige Gruppenmitglieder«, er schaute erst auf mich und dann auf Burghard, »zuviel Fantasie haben, dass sie zuviel Krimis lesen oder sonntags regelmäßig Tatort sehen. Dass sie sich gern daran ergötzen, wie sich andere, nämlich die Kommissare und Detektive, abrackern müssen, während sie gemütlich auf dem Sofa sitzen und den Täter schon kennen. Kaum werden sie mit einem ungewöhnlichen Unfall, oder was immer es war, konfrontiert, wird die allabendliche Unterhaltung, sich und anderen zu beweisen, wie schlau und großartig man ist, fortgesetzt. Genau wie bei diesen Ratesendungen. Nur dies war keine Tatortfolge, und es gibt auch keine Millionen zu gewinnen. Macht gerne so weiter, aber ohne mich! Ich bin nämlich im Urlaub, da tu ich mir so ein verqueres Gerede nicht an.«

Er schaute triumphierend in die Runde. Betretenes Schweigen, betretene Gesichter, nur Burghard feixte.

O je, verdeckte Gockelkämpfe schon am ersten Abend. Ich fühlte mich schuldig, weil meine Frage den Disput ausgelöst hatte. Dabei war es doch meine Aufgabe, dafür zu sorgen, dass die Gruppe nach einer Woche entspannt und aufgetankt mit neuen Energien zurückfliegen konnte. Eine Mörderjagd mit einem realen Hintergrund, selbst wenn sie nur in unseren Köpfen stattfand, gehörte wohl kaum in ein Entspannungsprogramm.

»*Tranquilo,* wie die Spanier sagen«, meldete sich Barbara, eine mollige, fröhliche 50-Jährige, die lächelnd dem Schlagabtausch zugehört hatte. »Wir sitzen hier gemütlich an der Bar und reden uns die Aufregung des Tages von der Seele. Das ist doch selbstverständlich und viel besser, als die ganze Nacht davon zu träumen oder sich allein schlaflos im Bett zu wälzen und das Ganze immer wieder im Kopf abzuspulen. Je mehr Hinweise und Argumente wir jetzt austauschen, je mehr Klarheit wir jetzt gewinnen, umso weniger müssen wir uns den Kopf zerbrechen, wenn das Licht erst einmal ausgeknipst ist.«

Sie drehte sich zu ihrem Mann Georg um und gab ihm einen dicken Schmatzer. »Ist es nicht so, mein Schorsch?« »Du hast völlig recht, meine Dicke«, er tätschelte ihre runden Hüften.

Jenny verdrehte die Augen, Burghard grinste, und selbst Martin konnte sich angesichts der dokumentierten ehelichen Eintracht ein Lächeln nicht verkneifen.

Ich war einfach froh, dass Barbara und Georg die Spannung etwas abgebaut hatten. Schon zum zweiten Mal innerhalb einer halben Stunde.

Der Empfang war eher frostig gewesen, als ich in die Bar gekommen war. Fast so, als wäre es meine Schuld, dass ihr Urlaub so unglücklich begonnen hatte. Georg aber hatte sich mir zugewandt und gerufen:

»Komm her, mein Mädchen, jetzt trinken wir erst einmal einen auf den Schreck.«

Obwohl ich gönnerhaftes Getue eigentlich nicht leiden kann, war ich zu ihm hinüber gegangen, denn mir war klar gewesen, dass er die Situation entspannen wollte. Und als wenig später die Getränke vor uns gestanden hatten, hatte er das Eis gebrochen mit einer kleinen Rede, die ich, noch immer verkrampft, nicht gebracht hätte: »Liebe Lisa, liebe Wanderfreunde, ich heiße Georg, alle nennen mich Schorsch, und das ist Barbara, mein mir angetrautes Eheweib. Wir kommen aus Köln, da macht man nicht viele Umstände in einer Kneipe. Ich schlage deshalb vor, dass wir uns nach den gemeinsam erlebten Aufregungen duzen, damit wir in unsere ohnehin schon erschöpften Hirne nicht auch noch die Nachnamen, Titel, Orden und Ehrenzeichen pressen müssen. Also, wie heißt ihr?«

Jenny und Burghard kannte ich ja schon, und so hatte ich auch Martin und Hildegard kennen gelernt.

Hildegard Kurz, das älteste Gruppenmitglied, elegant und damenhaft, die laut Teilnehmerunterlagen ihr 73. Lebensjahr schon vollendet hatte. Auf meine besorgte Nachfrage im Büro von Wegreisen, ob Frau Kurz denn in der Lage sei, die Wanderungen mitzumachen, hatte mir die Sekretärin versichert, das sei kein Problem, Frau Kurz sei eine Stammkundin.

»Ehrlich gesagt, ich finde diesen Abend und diese Diskussion äußerst anregend. Wirklich, wie im Fernsehen, nur ich bin dabei«, nahm sie den Faden wieder auf, rückte dabei die randlose Brille zurecht und strich sich über ihr feines, weißes Haar, das in perfekten, weichen Wasserwellen das Gesicht einrahmte.

»Vielleicht war der Stein ja für jemand anderen bestimmt? Vielleicht für jemanden aus unserer Gruppe, und Stefan Neumann hatte nur seinen langen Körper dazwischen geschoben. Darüber sollten wir mal nachdenken, wer käme da in Frage?«

Das ging nun doch allen zu weit. Jenny schnappte hörbar nach Luft. »Das möchte ich wirklich nicht.« Sie rutschte vom Barhocker und ging durch die Terrassentür hinaus. Ihr folgte Martin, etwas von Rentnern murmelnd, die nicht ausgelastet seien. Barbara hob die Schultern, dazu fiel auch ihr nichts mehr ein.

»Hey, ihr da drinnen, wir haben etwas Wichtiges vergessen«, rief Jenny durch die offene Tür. »Kommt mal alle raus.«

Die Terrasse stand auf Pfählen über dem Wasser. Die leichte Brandung schlug sanft gegen die Stützen, nur wenige Meter weiter lief sie mit weißen, geschwungenen Schaumlinien, die im Mondlicht wie Phosphor leuchteten, auf dem flachen Strand aus. Vor uns blinkten die Lichter von Fischerbooten. Es war warm. Ein leichter, kaum kühlerer Wind strich über unsere Gesichter. Ruhe überkam mich und wohl auch die Streithähne, jedenfalls waren alle still.

»Wisst ihr, was wir vergessen haben«, fragte Jenny leise, und ohne eine Antwort abzuwarten, fuhr sie fort: »Wir haben Urlaub auf einer ganz herrlichen Insel. Seit Wochen habe ich davon geträumt, am Abend auf so einer Terrasse zu stehen.« Sie atmete tief ein und schaute hoch. »Über uns blinken Millionen Sterne durch die Unendlichkeit, und unter uns rauscht der Atlantik. Ich sage euch, was ich jetzt machen werde, ich gehe hinauf und werde bei offener Balkontür und Meeresrauschen einschlafen, und morgen früh werde ich mich als erstes in die Brandung stürzen und mich nur noch an eines erinnern, nämlich daran, dass ich das jetzt eine Woche lang jeden Morgen und jeden Abend machen kann.« Sie drehte sich um und ging leise davon.

»Gute Idee, genau so werde ich es auch machen. Na dann, gute Nacht alle zusammen.« Martin konnte sich bestätigt fühlen, und Burghard hatte vorhin wohl nur mal so auf den Busch geklopft, oder die Müdigkeit übermannte auch ihn, jedenfalls schloss auch er sich an, und die beiden Männer verließen erstaunlich einträchtig die Terrasse, auch Barbara und ihr Georg machten sich auf den Weg.

»Das hat sie wirklich gut gemacht, die Kleine«, sagte Barbara zum Abschied. Georg klopfte mir noch einmal aufmunternd auf die Schulter.

»Warum gehen die jetzt so plötzlich, wo eben erst die wirklich spannenden Fragen gestellt wurden?« Verwundert schaute Hildegard mich an. »Na ja, alle sind müde, und morgen ist auch noch ein Tag. Morgen wird es vermutlich auch noch Fragen von der Polizei geben.«

Ihr Gesicht hellte sich augenblicklich auf. »Stimmt, das hatte ich ja ganz vergessen. Da muss ich schnell aufs Zimmer und meine Beobachtungen zu Papier bringen. Mein Gedächtnis ist ja nicht mehr so wie früher.«

Beschwingt eilte sie dem Fahrstuhl entgegen.

»Wichtige Vorkommnisse musst du sofort telefonisch durchgeben«, hatte Frank mir mit auf den Weg gegeben und für die ganz wichtigen Fälle auch seine Privatnummer hinterlassen.

Was für Fälle sollten noch kommen? Außerdem dürstete ich nach Lob dafür, dass ich ohne zu klagen durchhielt, alles wieder in den Griff bekommen hatte, andere, neue Reiseleiter wären... andere würden... aber ich war nicht andere, und genau das wollte ich jetzt hören. Ich griff nach dem Telefonhörer.

»Wegner«, meldet sich eine verschlafene Stimme, nachdem es fast ein Dutzend Mal geklingelt hatte.

»Hallo, hier ist Lisa, hier war vielleicht was los!«

»Ist die Gruppe nicht angekommen?«

»Doch, doch, viel spannender.« Plötzlich war ich in Hochstimmung. Plötzlich kam mir der ganze Abend wie ein großes Abenteuer vor, dass ich bewältigt hatte. Genauso musste ich wohl darüber berichtet haben.

»Sind Teilnehmer verletzt? Im Krankenhaus? Kommen Regressforderungen?«

»Nein, ich glaube nicht«

»Warum rufst du denn an?«

»Ich dachte, ich wollte... Was bist du denn für ein Ignorant! Andere würden sich jetzt...«

Ein lang gezogenes »Tuuuuuuut« begleitete meine Rede.

Da hatte ich ja bei einem richtig fürsorglichen Arbeitgeber angeheuert. Wäre ich noch in meinem alten Job würde ich..., hm ja, was machen? Bevor ich mich entscheiden konnte, was ich in Hamburg in einer solchen Situation getan hätte, klopfte es. Vor der Tür stand Antonio von der Rezeption mit einem Fax in der Hand. Schon über Kopf erkannte ich das Logo von WEGREISEN. Er will sich wohl entschuldigen, dachte ich, schon wieder milde gestimmt, drehte das Fax um und las die handschriftlichen Zeilen: »Telefongespräche auf der Hotelrechnung werden von uns nicht akzeptiert. Nutze öffentliche Telefone, fasse dich kurz oder schicke ein Fax. Frank«

Nicht mal Zeit für einen Gruß hat er sich genommen. Und ich hatte vor gehabt, jetzt noch etwas über den Silikatgehalt von Basalt nachzuschlagen, damit es seinen anspruchsvollen Teilnehmern an keiner Information mangelte! Das kam nun überhaupt nicht mehr in Frage. Für heute habe ich genug getan, nichts wie in die Kiste, dachte ich wütend.

Während mich später das leise Rauschen der Brandungswellen in den Schlaf lullte, rutschte ein Buch von meinem Kopfkissen und landete mit einem leichten Plopp auf dem Teppich, Horst Rast, Vulkane und Vulkanismus, 3. Auflage, stand auf dem roten Einband.

Montag

»...sechs, sieben, da fehlt noch jemand.«

»Das ist Gabriele, die muss noch den Rucksack umpacken«, meldete Laura.

»So geht das aber nicht.« Martin pochte auf Disziplin. »Wer zu spät kommt, muss einen Euro Strafe zahlen, sonst kommen wir ja nie los. Wer ist dafür?« Er hob den Arm.

Jenny und Laura tippten sich synchron an die Stirn.

»Nur, wenn wir das Geld am Ende der Reise versaufen«, rief Georg von hinten. Den Arm ließ er trotzdem unten. Martins Vorschlag war abgeschmettert.

Gabriele, eine sportlich wirkende 40-jährige Lehrerin aus Wuppertal mit kurzer dunkler Fransenfrisur, hetzte heran und ließ sich mit einem »'tschuldigung, kommt nicht wieder vor« in einer freien Sitzreihe nieder. Sie trug eine hochmodische Brille, die ich immer wieder fasziniert anschauen musste. Kleine runde Gläser, in einer honigfarbenen Fassung, die ihre braunen Augen warm schimmern ließ, wurden von einem extrem hohen Steg gehalten.

»Acht, *completo*«, verkündete ich Ramón, und er ließ den Motor an.

»Du musst immer wieder die Teilnehmer durchzählen«, hatte mir Frank eingeschärft. »Wenn jemand bei einer Tour nicht dabei sein kann, weil Du nicht nachgezählt hast, kann dich das einen Tagessatz plus Schmerzensgeld für entgangene Urlaubsfreude kosten.«

Frank konnte zufrieden mit mir sein, obwohl ich nach dem gestrigen Telefongespräch und dem folgenden Fax nicht mehr zufrieden mit ihm war.

»Wie niedlich, die Pärchen bleiben im Hotel. Die sind wohl in den Flitterwochen«, hatte Hildegard mit schelmischem Gesicht auf die Ankündigung von vier Teilnehmern reagiert, am ersten Ausflug nicht teilzunehmen.

Von Flittern konnte allenfalls bei Hajo und Regina die Rede sein. Holger und Dörte, das dritte Paar in der Gruppe, hatten alles andere als glücklich ausgesehen. Wie eine überbesorgte Mutter hatte sie während der Vorstellungsrunde, die wir auf die Terrasse verlegt hatten, seinen Rücken gestreichelt.

»Es war ein Fehler, diese Reise zu buchen«, hatte er dumpf auf die Frage nach den Wünschen an diesen Urlaub geantwortet.

Die empörten Rufe des Frauendoppels, das schon vor dem Frühstück gebadet hatte und sich die Haare in der Sonne trocknend äußerst vergnügt in der Runde saß, ignorierte er, und ebenso dumpf fuhr er fort:

»Ich wollte an die Nordsee, ich liebe die Nordsee im Frühjahr. Aber mein Arzt und auch Dörte meinten, die milden Temperaturen und die Sonne hier würden mir gut tun. Das war ein Fehler.«

»Warum?«, schallte es vielstimmig.

Er zögerte, dann deutete er über die lang gezogene Strandbucht hinweg auf die nicht eben hübschen Häuser längs der Promenade. »Als ich diese Umgebung sah, wusste ich sofort, es war ein Fehler.« Er senkte den Kopf.

»Und das Meer, die Wärme und die Sonne sind für dich nicht wichtig?«

»Die Sonne blendet mich nur«, kam es zurück.

Allgemeines Grimassenschneiden war die Antwort. Beide hatten es nicht gesehen, denn er hielt weiter den Kopf gesenkt, Dörte streichelte jetzt seine Hände.

»Ihr müsst das verstehen, er ist nicht ganz gesund, und

dann auch noch der Schock gestern Abend, das ist alles zuviel für ihn«, wandte sie sich an die Runde.

Was heißt hier Schock für ihn. Der hat wahrscheinlich noch seine Koffer gesucht, während ich schon unter der Leiche lag. So ein Weichei.

»Kranke Leute sollten zu Hause bleiben«, hatte Martin brutal kommentiert.

Die Polizei war nicht gekommen. Wahrscheinlich hatten sie längst einen durchgeknallten Weitwurfspezialisten verhaftet. So konnten wir unsere Reise programmgemäß beginnen, und alles würde gut werden, sicher auch für das Weichei und seine Glucke.

»Guckt mal, was steht denn da?« Hildegard hatte die Enttäuschung darüber, dass niemand ihre Fleißarbeit der letzten Nacht lesen wollte, gut weggesteckt. Wissensdurstig deutete sie auf ein Graffiti an der Autobahnbrücke.

»*Godos fuera*«, las ich vor, »das heißt ›Goten raus‹.«

»Goten raus, was soll das denn heißen?«

»Etwa Ausländer raus?«

»Meinen die uns?«

»Steht Goten für Germanen, sind damit die Deutschen gemeint?«

»Richtet sich das gegen die Touristen?«

In die eben noch ruhige Gruppe war Bewegung geraten.

»Mit Goten sind die Spanier vom Festland gemeint, die sich auf die Westgoten zurückführen«, begann ich. »Es gibt Canarios, die meinen, die Festlandspanier haben hier immer noch die Macht. Jetzt nicht als Soldaten oder Freibeuter wie vor 500-600 Jahren, sondern als Immobilien- und Tourismuskonzerne, die in der Hand von Festlandspaniern sind. Als gäbe es eine fortgesetzte Bevormundung oder gar eine zweite Eroberung.« Diese Information musste erst einmal verdaut werden.

»Das würde ja heißen«, bemerkte Laura noch etwas zögernd, »die Bewohner der Kanarischen Inseln sind keine Spanier, oder um es genauer zu sagen, sie empfinden sich nicht als Spanier. Aber was sind sie dann, oder als was empfinden sie sich?«

»Du hast von Eroberung gesprochen«, Gabriele schaltete sich ein, »das bedeutet doch, dass die Inseln bewohnt waren, bevor die Spanier hier landeten. Sind die Canarios ihre Nachfahren? Wer waren die Ureinwohner von den Inseln gegenüber von Afrika? Schwarze Menschen oder arabisch Aussehende habe ich bisher noch nicht bemerkt. Ich hatte bisher immer gedacht, die Kanaren wären nicht besiedelt gewesen.«

»Hättet ihr die Literaturliste, die mit dem Flugticket kam, nicht im Koffer versenkt, sondern brav danach eingekauft und auch noch in die Bücher geschaut, wüsstet ihr, dass die Inseln von den Guanchen, einem geheimnisvollen Keltenstamm besiedelt waren.«

Triumphierend schwenkte Burghard seinen Reiseführer und gab ihn dann nach vorn zu Gabriele durch.

»Aber statt jetzt im Buch zu blättern, lassen wir doch Lisa mal etwas dazu sagen. Wozu haben wir sonst diese teure Reise gebucht?«

Den Ball nahm ich gern auf, denn die Ureinwohner der Kanaren sind nicht nur ein Lieblingsthema der Canarios nach dem Motto: Wer wir sind und woher wir kommen, sondern es interessierte auch mich sehr und das nicht erst, seit ich den Job als Reiseleiterin übernommen hatte.

»Zunächst zu den Fragen von Laura. Tatsächlich empfindet sich die Mehrheit der Bevölkerung in erster Linie als Canarios und nicht als Spanier…«

»Verstehe ich gut«, warf Georg ein, »ich bin auch erst mal ein kölsche Jung, dann lange nichts und dann erst ein Deutscher«

»Mir ging es ähnlich«, bestätigte ich, »ich hatte mich, bevor ich hierher gezogen bin, vor allem als Hamburgerin und dann als Weltbürgerin gesehen. Deutsche bin ich dem Pass nach, das ist nun mal so, aber außer im Pass hätte ich mich nicht als Deutsche bezeichnet. Für die Spanier bin ich zuerst aber Elisa, die Deutsche, und nicht Lisa, die Hamburgerin. Ich selbst habe erst hier im Ausland festgestellt, wie deutsch ich bin, daran ändert auch meine Illusion von der Weltbürgerin nichts.«

»Das musst du aber genauer erklären.« Burghard war hellhörig geworden.

»Kein Problem, aber zunächst der Reihe nach. Anders als wahrscheinlich du, Georg oder ich lehnt beinahe die Hälfte der Canarios ihre spanische Nationalität ab, wenn man einer Umfrage von EL DÍA, der größten Tageszeitung auf Teneriffa, glauben darf. Sie sehen sich, wenn sie schon nicht direkt von den schon genannten Guanchen abstammen, doch als Einwohner einer territorialen Einheit, die ihre Geschicke nicht von Fremden wie den Festlandspaniern bestimmen lassen will.«

»Was heißt hier Abstammung«, warf Georg ein, »ich heiße übrigens Soitzek mit Nachnamen. Meine Vorfahren sind vor 120 Jahren von Polen ins Rheinland übergesiedelt, deshalb kann ich mich doch nicht als Pole bezeichnen, selbst wenn mir das streckenweise besser gefallen würde.«

»Lass doch Lisa mal weiter berichten. Hier kommt es doch nicht auf unsere Maßstäbe an, sondern darauf, wie die Leute das hier sehen. Unser Ausgangspunkt war doch das Graffiti«, Gabriele war offensichtlich eine effektive Arbeitsweise gewohnt.

»Geheimnisse um die Guanchen gibt es reichlich, vor allem um ihre Herkunft, ob Kelten darunter waren, ist unklar«, berichtete ich weiter.

»Wie sahen sie denn aus? Schwarzhäutig waren sie nicht, das ist mir schon klar geworden.« Auch Hildegard wollte greifbare Informationen.

»Groß, blond und mit blauen Augen, so richtig arisch«, Burghard ironisierte sein Reiseführerwissen, und sofort richteten sich alle Augen irritiert auf mich.

Aber der Bus fuhr jetzt bergab, vor uns blinkte der Atlantik, aus dem Dunst tauchte die Nachbarinsel La Gomera auf. Zu unseren Füßen erstreckte sich Teneriffas wichtigster Wirtschaftsfaktor, die Haupttourismuszone Süd mit den Orten Los Cristianos und Playa de Las Américas. In der Sonne flirrend ragte wie eine Fata Morgana eine unüberschaubare Ansammlung weißer Hoteltürme, kunterbunter Apartmentanlagen und unwirklich wirkender knallgrüner Rasen von Golfplätzen aus der gelbgrauen Steinwüste.

»Ach, du meine Güte, das nimmt ja kein Ende!« Jenny schüttelte sich.

»Hier sind auf einer Strecke von bisher sechzehn Kilometern mehr als 100.000 Hotelzimmer mit über 200.000 Betten in gut 800 Hotels und Apartmentanlagen in die vormals karge Landschaft gesetzt worden, und es wird weiter gebaut«, referierte ich.

»Die benötigen doch Millionen von Menschen, um all diese Zimmer zu füllen, das kann doch niemals gut gehen.« Es war Martin, der da Bedenken anmeldete.

»Sie benötigen nicht nur eine Million Menschen, sie benötigen wesentlich mehr, und die kommen auch. Im vergangenen Jahr haben 3,5 Millionen Urlauber allein hier im Süden Teneriffas die schönsten Wochen des Jahres verbracht.«

In die eingetretene Stille rief Laura: »Bin ich froh, dass wir hier nicht gelandet sind. El Médano ist dagegen doch richtig familiär!«

Vereinzelte Klatscher drangen nach vorn.

»Ehrlich gesagt, es ist nicht so übel, dort unten Urlaub zu machen. Uns hat es vor Jahren einmal nach Playa de Las Américas verschlagen, und wir haben es genossen. Luxus im Hotel und am Pool, viele Strände, Blumen und Palmen, ein tolles Freizeitangebot. Wenn man dort unten steht, sieht es keineswegs so absurd aus wie von hier oben.« Barbara outete sich als Nutzerin von Pauschaltourismusangeboten.

»Und was habt ihr von der Insel und von den Einheimischen gesehen?«, fragte Jenny mit aggressivem Unterton.

»Nichts, das wollten wir auch nicht.« Barbara ließ sich nicht aus der Ruhe bringen. »Das holen wir jetzt nach.«

Die Autobahn wand sich nach Norden die Berge hinauf. Felsen versperrten die Sicht auf das Meer und die Hotelansammlungen.

»Ich habe über unser vorheriges Gespräch nachgedacht«, nahm Hildegard den Faden wieder auf, »und bin zu dem Ergebnis gekommen, dass es durchaus sein kann, dass der Mord an Stefan Neumann einen nationalistischen Hintergrund haben könnte. Guanchen gegen Goten, vereinfacht gesagt.«

»Die nun wieder.« Martin schien wirklich verärgert zu sein. »Erstens war es wahrscheinlich kein Mord, sonst hätte uns schon längst die Polizei befragt und zweitens ist – ich meine, war Stefan Neumann kein Gote, sondern ein Alemanne, ein Deutscher!«

»Aber er war als Spieler von Real Madrid ein Repräsentant der *Godos*.« So leicht gab Hildegard sich nicht geschlagen.

»Arrogante Vasallen sind die *Godos*«, klang mir das Gespräch der Trainingsanzugtypen vom Vortag in den Ohren. Allerdings, die Mannschaftsbetreuer von CD Tenerife als Steine werfende Attentäter mit nationalistischem Hintergrund, das erschien mir doch zu grotesk.

»Gibt es hier militante Separatisten wie die ETA im Baskenland?«, wandte sich Gabriele an mich. »Denen wäre doch so etwas zuzutrauen?«

»Die gab es allerdings«, musste ich einräumen. »Nach Francos Tod 1975 hatte eine militante Bewegung, die *Frepic Awañac*, versucht, die Kanarischen Inseln in die Unabhängigkeit von Spanien zu bomben. Ihr Ziel war ein Berberstaat gemeinsam mit der *Frente Polisario*, die damals um ihre Unabhängigkeit von Marokko kämpfte, mit Libyen. Es hat mehr als 100 Attentate auf spanische Firmen und viele Tote gegeben. In der Bevölkerung fand sie aber kaum Sympathien, die Bewegung brach in sich zusammen, ihre Aktivisten setzten sich nach Nordafrika ab. Allerdings scheinen ein paar Versprengte auf den Inseln geblieben zu sein. Ihr Zeichen, die Spirale, ein Guanchensymbol, taucht ebenso wie »*Godos fuera*« immer mal wieder als Graffiti auf.«

»Aha, das war ja nur ein Hypothese von mir, abwegig ist sie aber nicht, wie man hört.« Hildegard lehnte sich zufrieden zurück.

»Und weil sie keine Logistik und kein Material mehr haben, üben sie sich heute im Steineweitwurf«, schnaubte Martin verächtlich.

Mir wurde dieses Gespräch lästig. Ich wollte mich weder an der Entwicklung nationalistisch-separatistisch motivierter Mordkomplottgedanken beteiligen, noch gefiel mir die Auseinandersetzung zwischen Hildegard und Martin. Das könnte zu einer schlechten Stimmung innerhalb der Gruppe führen. Anstatt einträchtig das schöne Teneriffa zu durchwandern, drohten sie, ihre Kabbeleien fortzusetzen und sich und den anderen Gruppenmitgliedern die Laune zu verderben.

Laura dachte wohl ähnlich, denn sie sagte schnell:

»Das ist ja alles ganz interessant, aber wir wissen immer noch nicht, wie die Guanchen aussahen und woher sie kamen. Lisa, mach doch da weiter, wo du vorhin aufgehört hast.«

»Blond, blauäugig und groß waren die Guanchen, vor allem den ersten Berichten der spanischen Eroberer zufolge. Vermutlich, weil es sie erstaunte, hier so einen Menschentyp anzutreffen. Inzwischen weiß man aber aus Mumienanalysen – die Guanchen haben ihre Toten mumifiziert –, dass es sowohl blonde als auch dunkelhaarige Ureinwohner gegeben hat, ebenso blau- wie braunäugige. Vermutlich gab es mehrere Besiedlungswellen aus verschiedenen Zonen Europas und aus Afrika. Viele Jahre galt ein Stein mit Gravur als wichtigster Fund, der Aufschluss über eine Herkunft geben konnte. Er zeigt das Zeichen der Zanata, eines Berberstammes. Inzwischen gilt er aber als Fälschung.«

»Deswegen Berberstaat«, warf Gabriele ein.

»Den Stein fand man erst 1992, also nach den Zeiten der *Frepic Awañac*. Er sollte wohl eine Bestätigung der schon vorher mehrheitlich vertretenen Meinung über die Herkunft der Guanchen sein. Unter den Berbern gibt es ebenfalls blonde, blauäugige Menschen, denn sie gehören nicht zur arabischen Bevölkerung Nordafrikas. Für diesen Ansatz sprechen zusätzlich gemeinsame Sprach- und gemeinsame kulturelle Elemente, wie etwa in der Töpferei.«

»Die Atlantis-Theorie ist demnach vollkommen aus der Mode, oder?«, rief Laura von hinten.

»Ja, das ist eher etwas für Romantiker. Die sieben Hauptinseln des kanarischen Archipels hatten niemals eine Landverbindung miteinander.«

»Was ist von der Idee Thor Heyerdahls zu halten? Der ist doch in den fünfziger Jahren mit den Papyrusbooten Ra von Ägypten an den Kanaren vorbei nach Mittelamerika gesegelt, um zu beweisen, dass es diese Verbindung schon vor mehr als 2000 Jahren gegeben haben kann. In der Schule haben wir darüber ein Buch gelesen. Bei dem Packen Material, den du uns gegeben hast, war ein Prospekt der Pyramiden von Güímar. Es gibt dort ein Thor Heyerdahl-Museum, in dem Beweise dafür vorliegen sollen, dass die Kanaren quasi Rast-Station auf dem Weg in beide Richtungen waren und deshalb von beiden Seiten besiedelt worden sind. Das habe ich jedenfalls heute Morgen gelesen.«

»Fleißig, fleißig, eine richtige kleine Leseratte, die kleine Jenny«, lobte Georg gönnerhaft, während sie ihm eine Nase drehte.

»Dass es hier Pyramiden gibt, habe ich noch nie gehört. Sehen wir uns die noch an?«

»Wenn es der allgemeine Wunsch ist, können wir das machen. Die Pyramiden stehen in einem privaten Museumspark. Im Programm und im Reisepreis ist sein Besuch aber nicht vorgesehen. Den Eintritt, ich glaube, so um die 10 Euro, müsstet ihr dann selber tragen.«

Die zehn Euro machten ihnen zu schaffen. Ich spürte, wie es rumorte.

»Wieso, dies ist doch eine Wander- und Studienreise, da muss der Museumseintritt doch im Reisepreis enthalten sein.«

»Genau!«

»Das sehe ich auch so.«

Der Einwurf von Martin fand Zustimmung. So schnell kann man sich als Reiseleiter in Schwierigkeiten bringen. Hastig fuhr ich deshalb fort:

»Die Amerikatheorie des kürzlich verstorbenen Thor Heyerdahl wird von den hiesigen Archäologen als unwissenschaftlich betrachtet und nicht ernst genommen. Sie ist aber auch nicht auszuschließen. Allgemein wird, ergänzend zur Besiedlung durch die Berber, die so genannte Westatlantiktheorie favorisiert. Sie geht davon aus, dass zur See fahrende, prähistorische Völker hier genauso gelandet sind und gesiedelt haben wie etwa an den Küsten von Irland, Schottland, der Normandie, dem Baskenland und der Tejomündung in Portugal. Auch für diese Theorie gibt es kulturelle Gemeinsamkeiten als Hinweis. Schwerer aber wiegt, dass auch heute noch bei der Bevölkerung dieser Landstriche, aber auch bei den Berbern und den Canarios, die ansonsten eher seltene Blutgruppe 0 Rhesusfaktor negativ überwiegt.«

»Endlich kommen meine Kelten ins Spiel.« Burghard meldete sich zurück. »Haben die Guanchen auch Dudelsack gespielt? Das ist nämlich eine keltische, kulturelle Gemeinsamkeit. Dudelsack spielen keineswegs nur die Schotten.«

»Von Dudelsäcken ist nichts bekannt«, ich musste kichern. »Die Guanchen haben bis zur Eroberung auf dem Niveau der Jungsteinzeit gelebt und sich in Felle und Hanfgewänder gekleidet.«

Die Vorstellung von einem Dudelsack spielenden Guanchen, sein Fell in feine Kiltfalten drapiert, löste eine allgemeine Lachsalve aus. Die Finanzkrise war überwunden.

»Wie erkennen wir einen Guanchen, wenn wir ihm begegnen?«, fragte Jenny in die allgemeine Heiterkeit.

»Lass dir seinen Blutspenderpass zeigen!« Georg wollte sich vor Lachen schier ausschütten.

»Ich meine das ernst.«

Mir die Lachtränen aus den Augen wischend antwortete ich: »Reine Guanchen gibt es wohl kaum noch. Immerhin wurde Teneriffa 1496 erobert und seither von Spaniern besiedelt. Aber in abgelegenen Berg- und Küstendörfern sieht man häufig Menschen mit typischen Merkmalen von Guanchen. Im Verhältnis zu Menschen aus dem Mittelmeerraum beschreibt die Fachliteratur sie etwa so: eher klein, eher breit und kompakt, eher kurze, konkave Nasen, hellere Haut, häufiger helle Augen und blonde Haare. Keine Hünen also.

»Übrigens, Masca, wo wir gleich wandern werden, ist so ein abgelegenes Dorf. Die Straße, auf die wir gerade einbiegen, ist erst in den neunziger Jahren fertig gestellt worden. Vorher lebten die Menschen hinter diesem Bergkamm sehr isoliert und mussten die Strecke zu Fuß oder auf dem Maultier zurücklegen. Einen Jeep konnte sich kaum jemand leisten.«

Ramón hatte Mühe, den Reisebus ein schmales, an Serpentinen reiches Sträßchen hinauf zu bringen.

»Weil die Aussicht oben am Pass so faszinierend ist, dass mir niemand zuhören wird, hier schon jetzt einige Infos zu dem, was ihr gleich zu sehen bekommt. Nach Osten erhebt sich der Teide, mit mehr als 3.700 Metern Höhe der höchste Berg Spaniens. Nach Westen werdet ihr auf das Teno-Gebirge hinunter schauen, mit 15 Millionen Jahren einer der geologisch ältesten Teile Teneriffas. Seine Gebirgskämme erreichen nur noch Höhen von 1400 Metern, weil der Zahn der Zeit sie schon reichlich herunter genagt hat. Der erdgeschichtlich junge Vulkan Teide wird dagegen vermutlich noch weiter wachsen. Bei klarem Wetter seht ihr weiter nach Westen die Inseln La Gomera und dahinter El Hierro.«

»Willst du damit sagen, dass der Teide jeden Tag ausbrechen könnte?«

Auf die Ängste von Hildegard konnte ich nicht mehr eingehen, denn Ramón hatte den Bus zum Stehen gebracht, die Türen geöffnet und die ersten stürmten hinaus.

»Ach, ist das schön!«

»Schau mal, Schnee auf dem Teide!«

»Sieh mal, auf La Gomera kann man von hier sogar die Dörfer erkennen!«

Ich war erleichtert, dass die schrecklichen Ereignisse von gestern vergessen waren. Alle genossen jetzt ihren Urlaub. Die Ausblicke vom Pass ließen niemanden unberührt. Der Teide erhob sich majestätisch aus der Hochebene. Seine Schneehaube kontrastierte mit seinen grauen und schwarzen Felswänden und ockergelben Lava-Aschen an den Hängen. Auf der anderen Seite, wie gefaltet, das Teno-Gebirge mit seinen tiefen Schluchten und steilen Höhenzügen. Wolken-bänke bedeckten die Berggipfel der Nachbarinsel, während ihre Küsten im Sonnenschein lagen.

»*Hola Elisa, qué tal*«, Paco hatte mich entdeckt. Paco war früher einer der vielen Ziegenhirten von Masca gewesen. Nachdem mit der Straße auch preisgünstige Milchkartons und holländischer Gouda-Käse das Dorf erreichten, hatte die Stunde für die meisten Ziegenherden geschlagen. Seither bot Paco sich als Wanderführer an. Ihn für den ersten Wandertag anzuheuern, war eine doppelt gute Idee gewesen, fiel mir gerade auf. Paco gab diesem Ausflug nicht nur einen authen-tischen Anstrich, er war auch eher klein als groß, eher breit als schlank... Na, da hatte Jenny was zu gucken.

»Hast du ihn schon nach seiner Blutgruppe gefragt?«, stichelte Georg, als wir uns zum Abmarsch sammelten und ich Paco vorstellte.

»Echt, du bist total peinlich. Außerdem hat er fast schwarze Haare und braune Augen«.

Paco grinste, er hatte erraten, worüber Georg und Jenny sprachen. Pathetisch warf er sich in die Brust und tönte:

»Ich bin ein Guanche, vom Stamm der Daute. Wie meine

Vorfahren schon vor 2000 Jahren hüte ich die Ziegen auf diesen Höhen.«

»Haben Sie Blutgruppe 0 Rhesusfaktor negativ?« Das war Hildegard, alle außer ihr wären am liebsten im Boden versunken, sogar Georg.

Doch Paco war nur amüsiert. »Bei meinem Riecher«, er tippte sich an die Nasenspitze, »ist kein Bluttest mehr nötig.«

Sie war eindeutig kurz und konkav. Trotz mehrstimmigen »pscht, pscht, pscht« und Abwinkens hinter Pacos Rücken war Hildegard nicht zu stoppen.

»Wie fühlt man sich so als Guanche? Wie ein Neandertaler?« Als Paco verständnislos guckte, setzte sie auch noch nach. »Na ja, ich meine, die Guanchengesellschaft war nicht besonders weit entwickelt, Lisa hat gesagt, sie waren auf dem Niveau der Jungsteinzeit, als die Spanier kamen. Fühlt man sich da als Guanchenabkömmling nicht eher unterlegen?«

Ich wollte zum Aufbruch drängen, um Paco Hildegards Peinlichkeiten nicht weiter auszusetzen, aber er hielt mich zurück.

»Jeder, wirklich jeder, in dessen Adern das Blut der Guanchen rollt, ist ein glücklicher Mensch. Die Guanchen waren ein wunderbares Volk. Sie waren stolz und friedlich, und sie liebten ihr Land«, er machte eine weit ausholende Bewegung über das Teno-Gebirge. »Sie führten keine Kriege, zerstörten keine Landschaft, töteten keine Menschen. Ihre Bildung hatten sie hier«, er drückte beide Hände auf sein Herz. »Nur das zählt. Wie sollte ich da nicht stolz sein?«

Wir waren gebührend beeindruckt. Nach diesem Schlusswort konnten wir uns nun wirklich in Bewegung setzen. Paco mit den nach Selbsteinschätzung trainierten Wanderern: Martin, der mir beim Abmarsch noch zu zischte »halt mir bloß diese Hildegard vom Leib« und Gabriele vorweg, Jenny und

Laura schlossen sich ihnen an. Ich übernahm den Rest der Gruppe und hatte damit auch Hildegard im Schlepptau.

»Wie das duftet!« Barbara drückte ihr Gesicht in einen mannshohen, mit weiß- und rosafarbenen Blüten besetzten Ginsterbusch.

Drei von meinen vier Wanderern machten einen zufriedenen Eindruck. Burghard hatte an einem Aussichtsplatz mit Blick auf die romantisch an Felsrücken geschmiegten Dorfteile von Masca einen ganzen Film verknipst. Nur Hildegard war ungewöhnlich sprachlos. Sie brauchte ihren Atem, um den steinigen Pfad zur Finca Guergues, unserem Wanderziel, zu bewältigen.

»Wenn wir schon beieinander gehen, kannst du mir doch sicher etwas über die Pflanzen sagen, die interessieren mich weitaus mehr als alle politischen und ethnologischen Aspekte«, sprach mich Barbara an. »Ich habe die Veränderung des geplanten Reiseziels akzeptiert, weil in der Beschreibung stand, es gäbe auch eine botanische Einführung.«

Nun war ich erstmals mit meinem neu erworbenen Pflanzenwissen gefragt und ließ mich über die spezielle Vegetationszone des Teno-Gebirges aus, zeigte die nur hier und im Barranco de Infierno wachsende rot blühende Tabaiba und schnitt, um zu demonstrieren, dass es sich um Wolfsmilchgewächse handelte, unter vielstimmigem Protest einen schmalen Ast durch. Der weiße, ätzende Saft trat programmgemäß aus.

»Damit haben die Guanchen gefischt. Sie schütteten den Saft in Buchten, betäubten damit die Fische, die sie dann gemütlich einsammeln konnten.«

Hildegard keuchte heran, sie hatte mich nicht gehört. Nicht auszudenken, was sie aus dieser Information alles konstruiert hätte.

Besonders entzückt war meine kleine Schar von den Ziegen unterwegs. Gemächlich kauend lagen einige in schattigen Höhlen, andere grasten an den Hängen. Häufig verrieten nur die bimmelnden Glöckchen ihren waghalsigen Standort in den Schluchtwänden. Burghard musste einen neuen Film einlegen.

Nach gut zwei Stunden, etwas hinter dem Zeitplan, erreichten wir die Terrassenfelder der Finca an einer flachen Stelle des Gebirgskammes. Nur wenige hundert Meter weiter, auf dem früheren Dreschplatz, einem mit flachen Steinen ausgelegten Rund hoch über der Steilküste, hatten es sich Paco, Jenny und Laura bequem gemacht, die Rucksäcke abgelegt und ihre Stiefel daneben gestellt.

»Ich hätte nie gedacht, dass es mir am ersten Tag schon so gut gehen würde.« Jenny wackelte mit den Zehen und reckte sich genüsslich. »Über mir der blaue Himmel, unter mir das blaue Meer, um mich die reine Natur und dazu nur Vogelgesang, Ziegenglöcklein und ein Schmetterling.« Ihre Augen waren auf einen zartgelben Falter gerichtet.

»Gabriele und Martin sind noch weiter gelaufen«, informierte mich Laura und deutete mit dem Daumen in die Tiefe. Ich schaute den Hang hinunter und konnte nur noch ihre Rucksäcke als roten und leuchtend grünen Punkt erkennen. »Paco meinte, das sei ungefährlich. Wenn sie nur bis zu den Ruinen dort unten gehen, sind sie zum Ende der Pause wieder zurück.«

»Die sind vielleicht gerannt. Wie kann man nur. Da war die Landschaft genießen unterwegs kaum drin«, klagte Jenny. »Wenn die nur laufen und nichts sehen wollen, können sie das auch zu Hause auf einem Laufband. Das kommt billiger.«

Bahnten sich da Schwierigkeiten an, wenn die sportlichen Interessen der Teilnehmer so weit auseinander gingen? Ich konnte nicht für jeden Tag einen zusätzlichen Wanderführer engagieren, das zahlte WEGREISEN niemals. Kein Mensch kann sich immerzu Sorgen machen, beschloss ich, streckte mich neben den anderen auf dem Dreschplatz aus und hielt das Gesicht in die Sonne. Was für eine Ruhe.

Die Schatten wurden länger, Zeit für den Rückweg. Der rote und der grüne Rucksackpunkt wurden zwar wieder größer, unsere beiden Unermüdlichen brauchten aber sicher noch 15 Minuten bis zum Dreschplatz.

»Bis die anderen hier sind, kann ich euch eine Sondervorführung über die Arbeit der Ziegenhirten geben«, bot Paco an.

»Toll, super!« Wir waren begeistert, auch ich hatte das noch nicht gesehen.

Er steckte zwei Finger in den Mund, holte tief Luft, erst ertönte ein scharfer Pfiff, dann eine ganze Serie:

»Pfiu - Pfiu - Pfiu - Pfiu - Pfiu - Pfiu - Pfiiiiiiu.«

Es bimmelte von allen Seiten, und da kamen sie schon, schwarze, graue, weiße und gefleckte Ziegen von rechts den Hang hinunter und von links den Hang hinauf. Hinter uns liefen sie heran, und ein Blick nach unten zeigte mir, dass einige Vierbeiner unsere Wanderfreunde mit langen Sprüngen locker abhängten.

»Paco, das sind doch nicht deine Ziegen, darfst Du das?« Mein deutsches Ordnungsgewissen hatte gesprochen. Er lachte nur.

»Die gehören Lucio. Der ist froh, wenn ich ihm die Arbeit abnehme, so kommt er früher zurück zu Wein und Weib. Ich habe ihn schon oben auf dem Kammweg gesehen.« Er deutete auf den Pfad, über den wir hierher gekommen waren. »In ein paar Minuten ist er hier.«

»Was ist, wenn ein Ziegenbock kommt? Die sollen ja sehr aggressiv sein.« Hildegard suchte unsere Nähe.

51

»Keine Sorge«, Paco musterte sie belustigt, »der Bock interessiert sich eher für junge Ziegen. Aber im Ernst, den nehmen wir nicht mit auf die Weide, das gäbe zuviel Unruhe. Der wartet im Stall auf seinen Harem.«

»Ein Bock für all die Ziegen, kein schlechter Job«, bemerkte Burghard.

Ein zweites Mal durchschnitten Pfiffe die Stille:

»Pfiu - Pfiu - Pfiu - Pfiu - Pfiu - Pfiu - Pfiiiiiiu.«

Es wurde eng auf dem Dreschplatz. Ziegen, wohin wir schauten, bald waren wir richtig eingekeilt.

»Nun«, verkündete Paco, »kommt es darauf an, die Herde zusammen zu halten. Wenn es nicht sofort in Richtung Stall geht, suchen sie sich den nächsten Futterplatz. Die Viecher haben immer Hunger.«

»Habt ihr dafür keinen Hund?«, wollte Laura wissen.

»Es gibt Hirten mit Hunden. Aber dieses Gelände hier ist viel zu gefährlich für Hunde. Die würden in ihrem Eifer, die Herde zusammen zu halten, abstürzen.«

Er bückte sich.

»War das die Pfeifsprache *El Silbo*? Ich dachte, die gäbe es nur auf La Gomera.« Barbara war neben mich getreten.

»Nein«, es tat mir leid, dass ich so kurz angebunden war, aber ich konnte meinen Blick nicht von Paco lösen. Der sammelte Steine auf. Kleine, aber eindeutig Steine.

»Na, welche will das Weite suchen?«, fragte er lachend.

»Da, die Gescheckte, mach schnell.« Jenny und Laura waren Feuer und Flamme.

Paco warf einen Stein in Richtung der Gescheckten. Er fiel unmittelbar vor ihr zu Boden, die Ziege machte einen Satz und kam in kurzen Sprüngen zur Herde zurück. Jenny und Laura klatschten begeistert.

»Nicht so laut bitte, sonst laufen vor Schreck alle Ziegen

gleichzeitig los, so schnell kann ich dann nicht werfen«, mahnte Paco und hatte schon den nächsten Stein geworfen. Er zischte waagerecht los und knallte neben einer Schwarzen an den Felsen. Die brach ihren Ausbruchsversuch sofort ab. Es folgte Stein auf Stein.

»Da!« – »Dort!«, riefen nun auch Barbara und Hildegard, die vor Aufregung rote Bäckchen bekommen hatte, und die Steine flogen. Jeder Stein ein Treffer, er landete immer dicht neben oder vor den Ziegen.

»Siehst du, was ich sehe?«, raunte Burghard mir ins Ohr.

»Ja, schon«, erwiderte ich lahm, »die Steine sind aber ziemlich klein, eher Kiesel. Am interessantesten finde ich seine Wurftechnik.«

»Ich möchte dir gleich den Herrn der Ziegen vorstellen.« Paco nahm mich am Arm und führte mich in die Mitte des Dreschplatzes. »Dahinten kommt er.«

Zunächst sah ich nur das Hemd. Blendend weiß hob es sich in der Sonne vor den Felsen ab. Als er näher kam und das hüfthohe Tabaiba-Gebüsch verließ, erfasste ich die ganze Gestalt. Er sah aus wie ein typischer kanarischer Bauer, breitschultrig, untersetzt, mit muskulösen Armen, die fast die kurzen Ärmel seines Hemdes sprengten. Irgendwie kam er mir bekannt vor. Aber nein, das konnte doch nicht sein, ich kannte doch außer Paco kaum jemanden aus Masca. Er trat in den Steinkreis und kam zu uns herüber, erst als er den Kopf hob, sah ich, dass sein linker Mundwinkel ein wenig nach unten hing. Wo hatte ich so ein Gesicht kürzlich gesehen?

»Lucio, ich möchte dir Doña Elisa vorstellen, die famose Leiterin dieser sympathischen Gruppe.«

In seinen Augen schimmerte Erkennen auf, der rechte Mundwinkel zog sich leicht nach oben, schien es sich dann aber anders zu überlegen und fiel wieder herab. Don Lucios Blick senkte sich finster in meinen.

»*Mucho gusto*«, presste er hervor. Er ballte die kräftigen Hände zu Fäusten und schlug sie gegeneinander.

Am Flughafen, genau. Er war der Begleiter des dunklen Engels gewesen. Aber warum schaute er mich so unfreundlich an? War das hier sein Grund und Boden? Hatte er etwas gegen unsere Anwesenheit? Das konnte nicht sein, denn der Pfad hierher war ein ausgewiesener Inselwanderweg. Paco unterbrach meine Gedanken.

»Elisa, das ist Don Lucio, der Besitzer der Finca dort unten«, er deutete auf die Ruinen bergab, »und all dieser Felder«, er zeigte auf die Terrassenfelder rund um den Dreschplatz. »Als junger Mann war er die beste Partie von Masca, alle Mädchen haben sich um ihn gerissen, und die Schönste hat er gekriegt.«

Don Lucios Miene hellte sich trotz dieser scherzhaften Schmeicheleien nicht auf.

»*Encantada*, sehr angenehm«, ich lächelte gezwungen in sein abweisendes Gesicht. »Es ist sehr schön hier. Ich finde sogar, dass dies einer der schönsten Plätze von Teneriffa ist, deshalb bin ich mit der Gruppe hierher gekommen. Ich hoffe, wir stören Sie nicht?«

»*Bueno*«, auch meine ernst gemeinten Komplimente lockten kein Lächeln in seine Züge, und meine Frage schien ihn nicht zu interessieren. Er klopfte Paco leicht auf die Schulter. »Danke für die Vorarbeit«.

»Das war mir doch ein...« Paco verstummte, denn Don Lucio hatte sich bereits abrupt umgedreht. Er pfiff und marschierte los. Die Ziegen folgten ihm in geschlossenem Pulk.

»Lisa«, Hildegards Ton klang sehr bestimmt. Sie zog mich am Ärmel aus dem Steinkreis heraus zu den eben angekommenen Wanderern. »Würdest Du bitte Martin bestätigen, dass dieser Guanchenabkömmling«, sie deutete auf Paco, »mit gezielten Steinwürfen die Ziegenherde gelenkt hat!«

Ich machte mich los.

»Oh schade, dass hätte ich auch gern gesehen«, bedauerte Gabriele ihre verspätete Ankunft.

»Verstehst du denn nicht, was das heißt?« Hildegard fuchtelte aufgeregt mit den Händen.

»Nein, was soll das heißen?«

»Paco oder ein anderer Hirte könnte gestern Abend den Stein geworfen haben!«

»Na, dann können wir ja die Verdächtigen einkreisen, auf alle Insulaner mit Ziegen«, erwiderte Martin ironisch. »Das werden wohl fast alle Menschen vom Lande sein, na grob über den Daumen gepeilt macht das so circa 5000 Verdächtige.«

Auf dem Flugplatz war am Vorabend ganz sicher einer davon dabei gewesen, und der führte da vorn seine Ziegenherde an. Das Herz schlug mir plötzlich bis zum Hals.

Um mich und die anderen vom Thema abzulenken, sprach ich Gabriele an. »Mit der knalligen Rucksackfarbe gehst du sicher nicht verloren. Der hat richtig neongrün den Hang herauf geleuchtet.«

Sie lachte. »Den Rucksack hat Holger mir geliehen. Als ich hörte, dass er nicht mitkommt, habe ich ihn darum gebeten. Meiner ist viel zu groß und schwer für Tageswanderungen.«

Auf dem Rückweg konnte sich niemand mehr verlaufen und jeder in seiner Geschwindigkeit gehen, deshalb blieben Paco und ich im hinteren Teil der Gruppe, die sich jetzt weit auseinander zog, zusammen.

Er war bekümmert. »Ich weiß nicht, was mit ihm los war«, begann er, »Lucio ist sonst ein wirklich freundlicher und gesprächiger Mensch, so kurz angebunden habe ich ihn noch nie erlebt. Der hat nichts gegen Ausländer, falls du das jetzt denken solltest. Er hat doch ein Restaurant in Masca, da bewirten er und seine Frau viele Touristen.« Paco verstummte, als ich nicht reagierte.

»Vielleicht«, begann er wieder, »hatte er Schmerzen im Gesicht. Als junger Mann hatte er eine schlimme Mittelohrentzündung. Sie hatten kein Geld für den Arzt oder Medikamente und konnten ihn auch nicht ins Hospital schaffen, es gab ja nicht einmal eine Straße. Am Ende musste ein Gesichtsnerv durchtrennt werden. Deshalb kann er die linke Gesichtshälfte nicht mehr bewegen und sieht so grimmig aus, obwohl er ein lieber Kumpel ist. Wahrscheinlich hat dieser Nerv ihm wieder zu schaffen gemacht.«

Das war ganz bestimmt nicht sein Nerv gewesen, der war ja durchtrennt worden. Etwas anderes hatte Lucio zu schaffen gemacht. Vielleicht, dass er mich erkannt hatte. Wie gestern Abend trug ich Wanderstiefel und kurze Hosen. Statt Schild hatte ich als Erkennungszeichen die Gruppe dabei. Aber warum sollte deshalb sein Blick so finster geworden sein? Da waren doch noch mehr Menschen gewesen. Konnte er etwas mit dem Tod von Stefan Neumann zu tun haben? Er war eindeutig zur Tatzeit am Tatort gewesen. Wen wollten er und seine Tochter, wenn es seine Tochter war, am Flughafen abholen, auf wen hatten sie gewartet? Er konnte mit der Mordwaffe umgehen, das war sicher. Aber zwei Menschen aus Masca konnten doch Stefan Neumann nicht kennen.

Peng! Irgendwo in unserer Nähe knallte ein Stein auf einen Felsen. Paco und ich schauten uns an.

Peng!

Noch einmal, das kam eindeutig von hinten.

Peng!

Dieses Mal knallte es über uns. Wir hörten ein Rumpeln und Scharren. Paco drückt mich an die Felswand. Eine Steinlawine polterte unmittelbar vor uns auf den Weg.

Don Lucio ist doch mit seinen Ziegen vor uns und es gibt keinen zweiten Weg, über den er zurückgekehrt sein könnte, schoss es mir durch den Kopf.

»Oh, wirklich, es tut mir unheimlich leid.«

Paco löste sich von mir.

Laura kam atemlos um die Wegkurve gelaufen.

»Ist euch auch nichts passiert?« Tränen kullerten aus ihren Augen. »Jenny und ich, wir wollten nur mal die Wurftechnik von Paco ausprobieren.« Sie schniefte. »Das wollte ich wirklich nicht. Mit dem ersten Stein hatte ich ganz gut getroffen, aber der zweite Stein war wohl zu groß, der ist mir abgerutscht. Ich habe dahin gezielt.« Sie zeigte auf einen einzeln stehenden Felsen oberhalb des Weges. Jenny kam heran, auch sie sah schuldbewusst aus.

Paco schüttelte nur den Kopf. »Also wirklich, wie die Kinder.« Was sollte ich in so einer Situation machen? Sollte ich etwa sagen, heute gibt es für euch keinen Nachtisch, ab ins Bett?

»Geht jetzt bitte vor uns, dann fühle ich mich sicherer«, sagte ich stattdessen. Die beiden machten sich auf den Weg. Ich musste mich erst einmal setzen, mir zitterten die Knie. Ich lehnte meinen Kopf gegen den Felsen.

Wo war ich stehen geblieben? Ach ja, bei Don Lucio. Könnte er ein Motiv gehabt haben, Stefan Neumann anzugreifen? Guanchen gegen *Godos*, wie Hildegard meinte. Der reine Humbug, wo Stefan Neumann auch noch Deutscher gewesen war. Höchst selten hatte ich auf den Kanaren Vorbehalte gegen Ausländer bemerkt und auf dem Lande noch nie, sie waren eher interessiert an den Menschen, die sie besuchten. Konnte die junge Frau an seiner Seite etwas damit zu tun haben? Darüber mit Paco zu sprechen war garantiert unverdächtig, denn über kein anderes Thema redeten Canarios mit solcher Inbrunst wie über ihre Kinder. Ich reichte ihm die Hand, und er zog mich hoch.

»Geht's wieder?«

Ich nickte.

»Sag mal Paco, hat Lucio Kinder?«

»Klar, er hat fünf, drei Jungs und zwei Mädchen.« Dann lachte er. »Aha, du denkst wohl an die Jüngste, an Dácil?«

Dácil, ganz typisch trug sie den Namen einer Guanchenprinzessin. »Wie kommst du darauf?«

»Na, Dácil kennt doch jeder.«

»Warum? Ist Dácil wie eine Guanchenprinzessin?«

»Im Gegenteil, ganz im Gegenteil. Dácil ist wie ein Engel, Dácil, *un ángel*.« Er brummte wie verliebt vor sich hin. »Schlank und rank schwebt sie über den Boden, als berührten ihre Füße ihn nicht. Ihr Haar umkränzt ihr zartes Gesicht wie ein Schleier...«, um dann in normalem Ton festzustellen: »Ehrlich gesagt, für mich wäre sie nicht die Richtige, viel zu dünn. Wer möchte schon einen Engel zur Frau? Ich jedenfalls nicht.«

Das musste sie sein.

»Was macht Dácil so? Lebt sie im Dorf und hat Mann und Kinder?«, fragte ich möglichst unbefangen.

»Mann und Kinder im Dorf! Wie kommst du denn darauf? Ich dachte, du kennst Dácil. Was, du kennst Dácil wirklich nicht? So was, da läuft jemand auf Teneriffa herum und kennt Dácil nicht! Sie ist doch ständig in der Zeitung. Dácil war vor zwei Jahren Miss España!« Er war ganz aus dem Häuschen.

Sprachen wir über dasselbe Mädchen? Die Blasse, Dünne in den Schlabberklamotten. Na ja, sie war zart und nicht dünn, die Augen waren herrlich und der Mund groß. Mit etwas Farbe im Gesicht, durchgestylt und anders gekleidet…, möglich war's.

»Wo lebt Dácil denn jetzt, bei ihren Eltern in Masca?«

Diese Frage fand Paco nun wirklich komisch. »Die ist doch nicht auf den Kopf gefallen. Sie ist doch jetzt ein Topmodel. Selbstverständlich lebt sie in Madrid. Aber da wir darüber sprechen, sie ist gerade zu Besuch bei ihrer Familie. Geh doch mit der Gruppe nachher in Lucios Restaurant essen. Mit etwas Glück lernst du sie dort alle kennen.«

So, so, sie lebt in Madrid, wo auch Stefan Neumann gelebt, trainiert und sonst noch was gemacht hat. Ich konnte die ganze Familie gleich kennen lernen. Die Begegnung mit Lucio und die Lawine von Laura hatten mir gereicht. Ein Stein ist schnell aus der Küche geworfen. Noch nie war ich so froh, dass ich eine Absage erteilen musste.

»Oh, wie schade! Das tut mir aber leid! Ich habe schon Tische in einem anderen Restaurant reserviert.«

Wir würden im Restaurant »El Guanche« das vollwertige Guanchenmenü zu Abend essen. Aber in der Küche stand garantiert kein Guanche. Bedienen würde auch keiner. In der Küche stand Marlene, servieren würde Hans, und beide kamen ohne Zweifel aus Marburg.

Ramón quälte den Bus die Serpentinen hinauf, als die Sonne endgültig orange-rot am Horizont versank. Mit einhelligem Bedauern schauten meine ach so unterschiedlichen Teilnehmer auf das in weiches Abendlicht getauchte Masca zurück.

Schon kurz hinter dem Pass ertönten die ersten Schnarcher. Ich drehte mich um. Laura und Jenny hatten sich zusammen gekuschelt. Im Restaurant hatte ich Laura gesagt, wie nett ich es von ihr fand, dass sie mir auf dem Flughafen ihre Jacke übergezogen hatte. Das hatte sie wieder beruhigt. Burghards Kopf war nach hinten gefallen, aus seinem offenen Mund klangen Sägegeräusche. Gabriele hatte den Platz gewechselt und es sich an Martins breiter Brust bequem gemacht. In der Sitzreihe neben mir prustete Hildegard mit geschlossenen Augen. Die musste nach der ersten Wanderung ja völlig fertig sein. Ihre sonst so sorgsam gelegte Frisur hatte sich in lose herunterhängende Strähnen aufgelöst. Noch im Schlaf hielt sie ein selbst gepflücktes Blumensträußchen vor der Brust umklammert. Bei jedem Schnaufer flatterten die zarten Blütenblätter.

Auch ich war müde, vor allem war ich froh. Froh, dass dieser erste Wandertag gut zu Ende gegangen war. Froh, dass ich alle Steine werfenden Ziegenhirten und die verrückten Sorgen, die ich damit verbunden hatte, hinter mir lassen konnte.

Jetzt musste ich bei dem Gedanken an meine Angst vor Lucio schon wieder grinsen.

»Sag mal Ramón, hast du Dácil, die Miss España aus Masca, am Flughafen gesehen?«, fragte ich träge.

»Hm, ja.«

»Warum hast du mich nicht auf sie aufmerksam gemacht?«

»Mir schien, sie wollte nicht erkannt werden.«

So war das wohl gewesen, das kann man verstehen, und es war inzwischen auch vollkommen egal. Wie mit Bleigewichten behängt sanken meine Lider über die Augen. Der Bus schaukelte gemütlich.

Guagua nennen die Canarios Linienbusse. Das kommt aus dem südamerikanischen Spanisch und hat sich von dort mit den Rückwanderern auf den Kanaren eingebürgert. Es bedeutet Babys wiegen. Das muss ich den Teilnehmern auch noch... Bevor ich den Satz zu Ende denken konnte, zog Morpheus mich in seine starken Arme, und die konnten wirklich gut wiegen.

»Die schönsten Mädchen kommen aus den Dörfern in den abgelegenen Schluchten«, flüsterte er mir zu. »Dácil genauso wie Mayte. Erinnerst Du Dich nicht an Mayte aus Garafía?«

Auch aus Garafía, einem abgelegenen Weiler im Norden La Palmas, war eine Miss España gekommen. Das kanarische Regionalfernsehen ging erst im letzten Jahr der Frage nach, warum die Schönheiten gerade aus diesen Flecken kommen. Wie war das noch gewesen?

»Immer wieder in den vergangenen Jahrhunderten«, raunte Morpheus, »suchten Schiffe aus fernen Ländern in den Buchten am Ende der Schluchten Zuflucht vor Stürmen. Die dort fern der Kirche lebenden Menschen waren nicht prüde, denn sie kannten die Geißel der Inzucht. Gastfreundlich waren sie ohnehin. Sie baten die Gestrandeten nicht nur an ihren Tisch, nein, sie baten sie auch in ihre Betten. Wenn das Folgen hatte, so waren sie willkommen. Als Blutauffrischung, wie bei den Eskimos.«

Kann Morpheus mit einem Auge zwinkern? Warum eigentlich nicht?

»Aus dieser Zeit kommen noch nach Generationen immer wieder ganz besondere Mischungen hervor, wie die großen schlanken Schönen.« Seine Stimme entfernte sich.

»Hallo, Hübscher«, rief ich ihm nach, »wohin gehst du denn? Bleib doch noch ein bisschen und erzähle mir mehr von dieser traumhaften Geschichte.«

Als ich an der Rezeption um den Schlüssel bat, schob Antonio mir die aktuelle Ausgabe des DIARIO DE AVISOS zu. Die Überschrift sprang mir geradezu ins Gesicht:

»Stefan Neumann – Mord?«

Sie hatten selbstverständlich mit den Ereignissen vom gestrigen Abend aufgemacht. Unter dem Titel ein Foto. Oh je, auch das noch, Stefan Neumanns blutüberströmter Kopf auf meinem Busen. Zum Glück konnte man von mir nicht viel erkennen, denn ich hatte mein Gesicht zur anderen Seite gedreht.

»Im Tod fiel der Champ auf diese hübsche Ausländerin«, lautet die Unterzeile. Ich fühlte mich überhaupt nicht geschmeichelt, mir kam die grässliche Erinnerung wieder hoch. Da hatte ich noch vor weniger als zwei Stunden geglaubt, ich hätte mit dieser Sache abgeschlossen. Reichlich naiv.

Im Aufzug überflog ich den Artikel auf der ersten Seite. Da stand nichts Neues, lediglich der Hergang wurde geschildert, dann der Hinweis: Lesen Sie weiter auf Seite 3. Noch in voller Wandermontur überflog ich im Zimmer die Seite 3.

Ein Nachruf schwarz eingerahmt, Reaktionen von spanischen und deutschen Fußballkollegen, auch von Rudi Völler, dem damaligen Trainer der deutschen Nationalmannschaft, in deren Team Stefan Neumann so erfolgreich gespielt hatte. Ein Interview mit dem leitenden Kommissar, Señor Molina, und da – ein Foto von dem Stein. Er sah ziemlich nach dem Basaltbrocken aus der Sammlung aus, die ich betrachtet hatte. Ja, daneben stand es: »Die Tatwaffe wurde aus einer Vitrine in der Ankunftshalle entwendet.«

Ich wollte natürlich wissen, ob die Polizei dieselben Schlüsse daraus zog wie ich gestern in der Hotelbar, und las den Text dazu. Wenn sie etwas schloss, verriet sie es jedenfalls nicht der Presse. Das Interview bestätigte lediglich Burghards Darstellung vom gestrigen Abend und endete mit:

»Wir können einen Mord nicht ausschließen, aber es hätte ebenso eine Verkettung unglücklicher Umstände sein können. Wir gehen Hinweisen in alle Richtungen nach.«

Ja, alles konnte sein, aber das sollte mir vollkommen egal sein. Ich wollte nur noch duschen und dann die Angelegenheit hoffentlich vergessen können. Außerdem musste ich danach noch ein bisschen meinen Reiseleiterpflichten nachgehen. Ich musste nachschauen, wie es dem Weichei und seiner Krankenschwester ging, und vielleicht noch etwas mit Hajo und Regina schwatzen.

Erst als ich die Dusche abdrehte, hörte ich das Klopfen. In ein Badetuch gehüllt und dennoch tropfend platschte ich zur Tür und öffnete.

Regina schob sich unaufgefordert ins Zimmer.

»Hattet ihr einen schönen Tag?«, bemühte ich mich, mit einem munteren Ton meinen Ärger über die Störung zu überspielen. Gab es denn keine Minute Ruhe?

Sie schloss die Tür und lehnte sich dagegen. »Du musst dir unbedingt etwas Wichtiges anschauen. Hajo hat schon alles im Fernsehraum vorbereitet.«

»Was hat er vorbereitet? Was muss ich mir anschauen?«

»Du ahnst nicht, welche Reaktionen der Tod von Stefan Neumann hervorgerufen hat. In den deutschen Nachrichten kam mit jeder Tagesschau der Fernsehbeitrag, den sie gestern am Flughafen gedreht haben. Du bist auch mit drauf.« Ich öffnete den Mund, um zu protestieren, doch dazu ließ sie mir keine Zeit.

»Um 20 Uhr 15 haben sie einen Tagesschau–Brennpunkt gebracht, mit seinem letzten Interview bei Reinhold Beckmann. Wir konnten das auf Video aufnehmen, weil sie es vorher angekündigt hatten. Das musst du sehen!«

»Also wirklich Regina, mir langt schon das Foto in der Zeitung, und Fußball interessiert mich überhaupt nicht. Vielen Dank für eure Mühe. Warum fragt ihr nicht Burghard, der hat bestimmt Interesse. Er war ein großer Fan von Stefan Neumann.«

Ungeduldig schüttelte sie die langen braunen Locken. »Das Interview ist brisant. Wir wollten keine weitere Unruhe in die Gruppe bringen, jedenfalls nicht ohne deine Zustimmung, denn du musst ja mit all diesen Leuten zurechtkommen.«

Das klang irgendwie rücksichtsvoll. Man soll Eigeninitiative der Teilnehmer fördern, so lautete eine wichtige Reiseleiterregel, die ich kürzlich auswendig gelernt hatte. Eine andere, mindestens ebenso wichtige dient dem Selbstschutz: Nicht immer gleich springen, wenn die Teilnehmer etwas wünschen.

In einer Mischung aus beiden Regeln versprach ich Regina, in einer halben Stunde im Fernsehraum zu sein, und setzte hinzu, dass ich mir aber keinesfalls den Sturz von Stefan Neumann auf mich anschauen würde.

Die Enttäuschung darüber, dass ich ihr nicht sofort mit Badeschlappen an den Füßen folgte, stand ihr ins hübsche Gesicht geschrieben, als sie endlich mein Zimmer verließ, damit ich mein Pflegeprogramm fortsetzen und dann meinen Pflichtbesuch absolvieren konnte.

»Ja, es geht ihm schon wieder besser. Wir sind heute im Hotel geblieben und haben uns erst einmal richtig ausgeruht. Morgen werden wir an der Wanderung teilnehmen.« Dörte schaute beschwörend zu Holger hinüber, der zwar nicht mehr so blass und depressiv war wie heute Morgen, dafür aber unruhig im Zimmer auf- und abging und hektische rote Flecken bekam, als ich ins Zimmer getreten war.

Eine am nahen Flughafen gestartete Maschine flog am Hotel vorbei. Holger presste die Hände auf die Ohren, öffnete den Mund und sagte etwas, verstehen konnte ich in dem

Moment aber nichts. »Entschuldigung Holger, was hast du gesagt? Ich habe nichts verstanden, der Flieger...«

»Das macht mich hier alles wahnsinnig«, stieß er hervor. »In der letzten Nacht habe ich kaum ein Auge zugetan, diese Flugzeuge machen mich krank. Gibt es denn hier kein Nachtflugverbot? Am liebsten würde ich sofort abreisen.«

Wirklich, ein nicht zu überhörender Nachteil von El Médano als Urlaubsort waren die am nahen Flughafen bei Tag und Nacht startenden Ferienflieger. An ein Nachtflugverbot war nicht zu denken, denn damit würden niemals mehr als vier Millionen Touristen jedes Jahr auf die Insel geschafft werden können. Zudem sind die Nachtflüge kostengünstig, die Fluggesellschaften zahlen nachts weniger Start- und Landegebühren. Nachtflüge sind deshalb besonders bei den Engländern beliebt, die bereit sind, solche Unbill in Kauf zu nehmen, um sich ihr Traumziel leisten zu können.

Ich hatte Frank damals auf dieses Manko aufmerksam gemacht und als Alternative das Hotel am anderen Ende der Bucht empfohlen, das außerhalb der Einflugsschneise lag, aber er hatte abgewinkt. »Tagsüber seid ihr unterwegs und nachts sind die Teilnehmer so müde, dass sie gut schlafen werden. Außerdem ist es in den Urlauberhochburgen mit all den Discos viel lauter. Und außerdem«, hatte er grinsend hinzugesetzt, »konnte ich einen guten Gruppenpreis erzielen.« Damit hatte ich nun den Schwarzen Peter.

»Die Richtung der startenden Maschinen hängt von der Windrichtung ab. An manchen Tagen hört man überhaupt nichts. Die anderen Teilnehmer haben sich bislang nicht daran gestört. Ich glaube, du solltest dich erst einmal entspannen. Wenn Du heute am Strand gewesen wärst, hättest Du nur die Brandung gehört.«

»Die Brandung! Die Brandung macht mich genauso verrückt! Die ganze Nacht schlagen die Brecher auf den Strand, wer soll denn hier schlafen können! Mein Kopf platzt noch!« Erneut presste er die Hände auf die Ohren und nahm seinen Weg durchs Zimmer wieder auf.

Dörte legte ihm den Arm um die Schultern. »Du musst dich ablenken, wenn du ordentlich gewandert bist, kannst du auch wieder besser schlafen.«

»Vielleicht sollte ich ein Beruhigungsmittel besorgen«, bot ich an.

»Wir haben seine Medikamente dabei, vielen Dank.«

Mir war nicht wohl bei dem Gedanken, einen so labilen, nervenschwachen, ja möglicherweise sogar psychisch gestörten Teilnehmer auf die große Nationalparkrunde mitzunehmen, die für den nächsten Tag auf dem Programm stand. Mindestens fünf Stunden würden wir in einer einsamen Gegend unterwegs sein. Keine Straße weit und breit, über die ein Krankenwagen heranfahren könnte, und die Aussicht, notfalls per Handy eine Hubschrauber-Rettungsaktion organisieren zu müssen, gefiel mir überhaupt nicht. Ich verabschiedete mich und winkte Dörte auf den Flur.

»Was hat ihn denn so fertig gemacht? Ist er immer so empfindlich? Alle haben doch gestern dieses Unglück mitbekommen, aber niemand hat auch nur annähernd so dramatisch reagiert. Ging er vielleicht direkt hinter Stefan Neumann, als es passierte, ist der Stein an ihm vorbei gesaust, hat das vielleicht ein Trauma ausgelöst?«, überhäufte ich sie voller Sorge mit Fragen, nachdem ich die Tür geschlossen hatte.

Dörte schüttelte den Kopf und musterte mich nachdenklich. Hatte ich mit meinen Fragen ihre Privatsphäre verletzt?

»Er ist ein besonders sensibler Mann. Auf jede Unklarheit, auf jede Krise reagiert er heftiger als andere. Es ging ihm schon bei der Ankunft nicht gut. Er musste sich gleich nach der Landung übergeben. Während des Unglücks war er auf der Toilette.«

»Ja, aber dann hat er doch nicht viel mitbekommen!«

»Danach fühlte er sich natürlich schwach. Als er dann heraus kam, hat er Stefan Neumann und dich dort liegen gesehen. Er dachte im ersten Moment, du wärst auch tot und sah damit die gesamte Reiseorganisation über den Haufen geworfen, das hat ihn schockiert. Man muss ihn sehr liebevoll durchs Leben leiten, ihm möglichst vorausschauend alle Hindernisse aus dem Weg räumen, dann ist er völlig in Ordnung.«

Das war ja die Höhe! Er dachte, ich wäre tot, und bekam die Krise, weil sein Bustransport sich verzögern könnte. So ein Mann braucht alles andere als eine liebevolle Begleitung! Was der braucht ist ein Tritt in den Hintern, damit er endlich erwachsen wird.

Auf jeden Pott passt ein Deckel, hatte schon meine Tante Margarete immer gesagt. Mit Dörte hatte Holger den absolut passenden Deckel gefunden oder sie einen passenden Pott für ihre zwanghafte Gluckerei. Die beiden hatten sich offensichtlich arrangiert, das sollte mir nur recht sein. Ich hatte auch ohne sie genug am Hals.

»Meinst du, dass er morgen in der Lage ist, die Wanderung mitzumachen?«

»Kein Problem, ihm geht es vor allem dann schlecht, wenn er sich nicht fit genug fühlt, um sich körperlich abzuarbeiten. Er ist sehr sportlich. Er hat in seiner besten Zeit sogar an den deutschen Meisterschaften teilgenommen, als Fünfkämpfer.« Ein stolzes Lächeln huschte über ihr Gesicht. »Ich habe ihn bei Wattenscheidt 05 kennengelernt. Da haben wir damals gemeinsam trainiert.« Sie sah richtig glücklich aus und hing einen Moment lang ihren Erinnerungen nach.

Ob Wattenscheidt 05 nun eine besondere Empfehlung war, wusste ich nicht, aber eine Teilnahme an den deutschen Meisterschaften, das war nicht übel. »Du wirst schon sehen«, Zuversicht klang aus ihrer Stimme, »nach einer Stunde Wandern wird er morgen sogar wieder fröhlich sein.«

Ich hatte da so meine Zweifel, musste aber jetzt in den Fernsehraum, sonst würden auch noch Regina und Hajo sauer werden.

»Na, dann können wir ja anfangen.« Hajo schob seine Pfeife wieder zwischen die Zähne, zog zwei Mal kräftig daran und ließ den Rauch aus seinem Mund quellen.

»Von Regina habe ich gehört, dass du den Bericht aus den Nachrichten nicht anschauen möchtest.« Er musterte mich. »Das finde ich ziemlich unprofessionell.« Er zog wieder an der Pfeife.

Ich öffnete den Mund, um zu erwidern, dass es schon von ausreichender Professionalität zeugte, dass ich überhaupt hier saß und dass ich gleich wieder ginge, wenn er nicht ein bisschen schneller redete oder den Videorekorder anstellte, statt an seiner Pfeife zu nuckeln. Anders als er hätte ich den ganzen Tag gearbeitet. Ich wollte so schnell wie möglich raus aus diesem stickigen, plüschigen Fernsehraum. Ich hielt es aber für besser, meinen Mund wieder zu schließen. Der Kunde ist König.

»Du solltest wissen, in dem Nachrichtenbeitrag haben wir das ganze *Tableau* und zwar in der gesamten kritischen Zeit.«

Ich reagierte nicht, damit die ganze Angelegenheit nicht noch länger dauerte.

»Wie Du meinst. Das Interview enthält auch so genug Zündstoff.« Endlich griff er nach der Fernbedienung. Regina knipste die Lampe aus.

»Dann lasse ich den ersten Teil der Aufzeichnung mal im Schnelldurchgang vorbeisausen.«

»Bitte.«

Surrend setzte das Band sich in Bewegung, stoppte.

Aus dem Wackelbild arbeitete sich der Kopf von Reinhold Beckmann heraus. Der beugte sich über den Tisch, lächelte verschmitzt in die Kamera und sagte mit seiner samtweichen Stimme:

»—Und jetzt, meine Damen und Herren, kann ich Ihnen einen ganz besonderen Gast vorstellen. Zu uns kam aus Madrid der Dirigent der Vizeweltmeister-Elf, Held von Tokio, Stefan Neumann!«

Beifall, Stefan Neumann trat aus der Deko, ließ sein Lächeln aufblitzen und strich sich die Tolle aus der Stirn. Verstärkter Applaus.

Ich hatte einen Kloß im Hals und musste schlucken.

»—Guten Abend Herr Neumann, vielen Dank, dass Sie zu uns ins Studio gekommen sind.

—Vielen Dank für die Einladung.

—Unser Thema heute Abend lautet Abschied. Aber bevor wir darüber sprechen, welche aktuelle Bedeutung dieses Thema für Sie hat, lassen Sie uns noch ein wenig Vorausschau halten auf das kommende Fußballgroßereignis, die Weltmeisterschaft 2006 im eigenen Land. Das spanische Team ist bei den Weltmeisterschaften noch nie über das Viertelfinale hinaus gekommen, obwohl es aus einem Pool europäisch so erfolgreicher Vereinsmannschaften schöpfen kann. Haben Sie dafür eine Erklärung? Und wie schätzen Sie die Chancen der Spanier bei der WM 2006 ein?

—Ich denke, das hängt damit zusammen, dass die Vereine zuerst einmal die Vereinsinteressen, die regionalen Interessen, die Interessen der Fans sehen. Ein Manager wird daran gemessen, wie schnell er für Erfolg sorgen kann. Schneller Erfolg stellt sich sicherer mit teuren Einkäufen aus dem Ausland ein, die natürlich bei der WM für ihr Land spielen, als mit Nachwuchsarbeit. Für 2006 will ich kein Prophet sein, aber an der Vereinspolitik hat sich nichts geändert.

—Sie sind doch auch so ein teurer Einkauf.

—Richtig. Ich passe genau in diese Vereinspolitik.

—Gut, bleiben wir bei Ihnen. Sie können sich vorstellen, dass die deutsche Öffentlichkeit aus allen Wolken fiel, als Sie vor wenigen Monaten bekannt gaben, dass Sie für die kommende WM nicht zur Verfügung stehen und mit Ende dieser Saison die Fußballschuhe an den Nagel hängen wollen. Ich meine, Sie gehören doch mit 31 Jahren nicht zum alten Eisen. Warum wollten Sie ihre Karriere nicht mit einem Sieg im eigenen Land toppen?

—Vorsicht bitte, Sie sollten da keinen zu hohen Erwartungsdruck für die deutschen Spieler aufbauen. Für mich gilt, mit der Vizeweltmeisterschaft 2002 in Tokio habe ich mehr erreicht, als ich je zu hoffen gewagt hatte, das war der Höhepunkt meiner Laufbahn, der sich kaum toppen lässt. Die deutsche Nationalmannschaft ist fast komplett neu aufgestellt. Kaum einer von der alten Truppe ist noch dabei. Viele junge Spieler bekommen so ihre Chance, und sie werden sie auch nutzen. Ich denke, anders als viele seiner Kritiker, Jürgen Klinsmann setzt mit seinem athletischen Spiel die Jungs richtig ein. Ich weiß nicht, ob ich da mithalten könnte und ob ich das überhaupt möchte. Je älter ich werde, umso klarer wird mir, wie viel mehr das Leben außerhalb des Fußballs für mich noch bereit hält, und genau dafür will ich mir mehr Zeit nehmen.

—Aber so eine oder zwei Spielzeiten bei Real Madrid, um den UEFA-Pokal, die Landesmeisterschaft, das wäre doch auch nicht schlecht. Was sagen denn ihre spanischen Fans zu der Entscheidung oder hat man ihnen keinen neuen Vertrag über 2006 hinaus angeboten? In dem Fall könnte ich mir viele Vereine vorstellen, die sie mit Kusshand nehmen würden.

—Alle diese Titel habe ich mit Real Madrid schon errungen. Die Entscheidung war einzig meine Entscheidung. Selbstverständlich ist die Sportpresse nicht in einen Freudentaumel geraten, als ich sie bekannt gab.

—Ich konnte sogar heiße Spekulationen in der spanischen Presse über den Hintergrund ihres Abschieds lesen. Von Unstimmigkeiten mit dem Vorstand war da die Rede. Es gibt Gerüchte über Doping und dass Sie da nicht mitmachen wollen.

—Bei so einem entscheidenden Schritt wird immer viel spekuliert, die Journalisten müssen ja auch ihre Brötchen verdienen.

—Können Sie etwas deutlicher werden, Herr Neumann, ist denn an diesen Gerüchten etwas dran? Wo Rauch ist, ist auch Feuer, sagt der Volksmund.

—Ich war schon vor dieser Saison nicht immer mit den Entscheidungen des Vorstandes einverstanden. Die Zukäufe von individualistischen Spielern, die der Mannschaft nicht zuträglich sind, haben den Verein an den Rand seiner Zahlungsfähigkeit gebracht. Ich habe das mehrfach kritisiert. Meine Kritik ist auch an die Öffentlichkeit geraten. Mein Verhältnis zum Vorstand ist durch diese Offenheit natürlich nicht besser geworden.

—Das ist doch, verzeihen Sie den Begriff, ein alter Hut. Ganz aktuell dagegen sind die nicht enden wollenden Gerüchte über ein Dopingkartell mehrere Fußballvereine, quer durch Europa, wie bei den Radprofis vor einigen Jahren. Sie, Herr Neumann, lassen sich nicht vom Mannschaftsarzt betreuen, haben Ihren eigenen Masseur, warum, wenn die medizinische Betreuung durch den Verein ohne Tadel ist?

—Viele Spieler meines Niveaus haben persönliche, medizinische Betreuer, dass ist auch in anderen Sportarten so. Zu den Gerüchten über ein Dopingkartell und die mögliche Verwicklung von Real Madrid kann und möchte ich nicht Stellung nehmen. Ich bin Spieler von Real Madrid und bleibe das auch noch bis zum Ende der Saison. Ich werde doch nicht meinen eigenen Verein, meine eigene Mannschaft, mit der ich um den Liga-Titel kämpfe, damit belasten, dass ich mich mit solchen Vorwürfen beschäftige. Die Themen, über die ich spreche, lasse ich mir nicht von Journalisten vorgeben.

—Heißt das, nach der Saison stellt sich die Situation anders dar?

—Am Ende der Saison ist die Situation immer anders. Dann kann man ohne Druck alle kritischen Fragen erörtern, untereinander, meine ich.

—Aber dann sind Sie ja nicht mehr dabei.

—Auch wenn ich nicht mehr aktiv bin, wird meine Meinung gefragt sein. Meine Freunde im Verein wissen, dass man, auch ich, gerade aus der Distanz heraus viele Dinge deutlicher sehen und deutlicher aussprechen kann.

—Das macht mir Hoffnung auf einen aufschlussreichen Abend mit Ihnen im nächsten Jahr. Vielen Dank für das Gespräch. Ich drücke Ihnen die Daumen für einen erfolgreichen Abschluss der Saison.

—Ich bedanke mich ebenfalls.«

Hajo schaltete den Videorekorder ab und Regina das Licht wieder an. Er nahm die Pfeife aus dem Mund.

»Na, was sagst du?«

»Wann ist der Originalbeitrag gesendet worden?«

»Am Montag vor zwei Wochen.«

»Dann brauchen sich einige Leute keine Gedanken mehr über mögliche Aussagen von Stefan Neumann zu machen. Sagt mal, warum musste ich mir das eigentlich anschauen? Ich bin doch keine Fußballexpertin.«

Beide guckten mich nachdenklich an. »Was meinst du wohl?«

»Denkt ihr etwa, das Interview hat etwas mit seinem Tod zu tun?«

Regina zog die Schultern hoch, breitete die Arme aus und legte den Kopf schief. »Könnte doch sein. Er hat das Dopinggerücht jedenfalls nicht ausdrücklich zurückgewiesen, sondern sich Aussagen zu allen Punkten für die Zeit nach der Saison vorbehalten.«

»Ich kann das nicht glauben, du interpretierst da nach meiner Meinung zu viel hinein. Das ist doch reine Spekulation!«

Hajo paffte und guckte Regina an.

»Bisher ist alles noch Spekulation. Die Polizei tappt offenbar total im Dunkeln. Und hier geht es um Geld, um viel Geld. Die Vereine können sich doch nach einem Doping-Skandal Werbeeinnahmen ohne Ende von der Backe putzen. Auch in den nationalen Ligen wie der Bundesliga, wenn denn deutsche Vereine da mit drinhängen, würde es zumindest vorübergehend Zuschauer- und damit Einkommenseinbrüche geben. Vorübergehend heißt europaweit garantiert schon einige Milliarden, die an Einnahmen geplant und vermutlich schon ausgegeben sind. Es sind schon Leute für weniger Geld umgebracht worden.«

Sie redete sich richtig in Rage. »Man kann den Kreis der Betroffenen gar nicht groß genug ziehen.« Ihre Arme beschrieben einen Kreis. »Denk nur mal an die Fernsehsender.

Die haben einen Haufen Geld für Übertragungsrechte hingeblättert, für Spiele, die, wenn die Geschichte raus kommt, aus Enttäuschung und Ärger über die Verarschung und Lügen niemand mehr sehen will.«

Ich hob verzweifelt beide Hände, damit konnte ich sie endlich bremsen. »Hör mal, du verrennst dich da, glaube ich. Aus den Antworten von Stefan Neumann kann man doch gar nichts Konkretes schließen. Und selbst wenn es ein Dopingkartell gäbe, ist der Tod von Stefan Neumann auf Grund irgendwelcher Kenntnisse, die er vielleicht hatte, höchst unwahrscheinlich. Denk doch mal, was im Radsport oder bei den amerikanischen Sprintern los war. Obwohl die Epo-Doping-Affäre die TOUR DE FRANCE durcheinander gewirbelt hat –jetzt wird sogar der siebenmalige Sieger Lance Armstrong verdächtigt, Epo genommen zu haben– und, wenn ich mich recht erinnere, die Drahtzieher in Italien saßen –immerhin dem Heimatland der Mafia– ist mir nichts über einen Mord in diesem Zusammenhang bekannt. Auch da ging es um viel Geld.«

Schweigen. Regina zog eine Spange aus ihrem Haar, schüttelte trotzig die langen Locken. Hajo nuckelte gedankenverloren an seiner Pfeife, nahm sie dann heraus.

»Also ehrlich, Regina, jetzt bei der zweiten Ansicht, finde ich die Äußerung zum Doping weniger deutlich als beim ersten Mal. Mir kommt da noch ein anderer Gedanke, der für Lisas Bedenken spricht. Ich stelle mir gerade so ein paar Mafiatypen vor, meinetwegen auch diese aalglatten Vereinsmanager. Die würden, wenn sie einen Mord planten, sicher nicht hinter ihm her oder vor ihm her fliegen und hoffen, dass sie irgendwo einen Stein finden, den sie ihm an den Kopf werfen können. Die würden das ganz anders planen.«

Er zog an seiner Pfeife und ließ langsam eine Rauchwolke aus seinem Mund quellen. »Wenn ich es mir recht überlege, kann das nur die spontane Tat eines Einzelnen gewesen sein. Was aber immer noch nichts über die Gründe sagt«, schloss er diplomatisch.

Regina sah trotzdem enttäuscht aus. »Meinst du das wirklich? Aber vorhin hast du das doch genauso gesehen wie ich, hast du jedenfalls gesagt.« Sie sah ihm forschend ins Gesicht. »Schade, ich hatte mir schon so ein schönes Szenario überlegt. Ich habe uns schon gesehen, wie wir an der Überführung eines internationalen Dopingsyndikats mitwirken.« Sie schaute uns fragend an, als wollte sie uns immer noch für die Idee begeistern. Als wir nicht reagierten, seufzte sie resigniert.

»Da ist schon was dran an dem, was ihr über das organisierte Verbrechen sagt. Mit mir sind wohl wieder die Pferde durchgegangen.« Sie lächelte mich um Verzeihung bittend an, runzelte dann aber wieder die Stirn. »Dennoch, ich bin sicher, das Interview steht im Zusammenhang mit Stefan Neumanns Tod. Die zeitliche Nähe kann doch kein Zufall sein. Wenn der Mord nicht von langer Hand vorbereitet war, wird es eben so ein armes Schwein gewesen sein, ein Masseur oder der Mannschaftsarzt, den sie im Ernstfall der Öffentlichkeit zum Fraß vorwerfen würden.«

»Nun lass mal gut sein. Sei ehrlich, so ein einzelner Mensch als Mörder interessiert dich doch weitaus weniger als die Kartellvariante. Wir können hier ja mal Folgendes vereinbaren: Den Einzeltäter überlassen wir der Polizei. Sollte die Kartellvariante wider Erwarten erneut ins Spiel kommen, werden wir beide«, Hajo deutete mit der Pfeife auf mich und sich, »jederzeit bestätigen, dass dir der Lorbeer gebührt, den entscheidenden Gedanken vor Zeugen als Erste ausgesprochen zu haben. Einverstanden?«

Er lächelte ihr belustigt zu und streckte die offene Hand hinüber. Statt einzuschlagen knuffte sie ihn in die Seite und rief halb im Scherz: »Das machst du immer so. Erst guckst du gemächlich paffend und heimlich feixend zu, wie ich mich in einen Gedanken verrenne, dann hilfst du mir als der Mann mit Übersicht wieder heraus und musst mich auch noch auf den Arm nehmen. Ich finde das gemein, mach dir doch selber mal Gedanken und sprich sie aus, das ist viel riskanter, als hinterher alles besser zu wissen.«

Ich war nur froh, dass ich die beiden von dem Pferd herunter geholt hatte. Außerdem wollte ich raus aus diesem schrecklich warmen Raum, und Regina brauchte jetzt etwas Nettes, damit sie die Pleite besser wegstecken konnte.

»Was haltet ihr von einem Campari mit frisch gepresstem Orangensaft auf der Terrasse über dem Meer?«

»Aber nur, wenn wir dich einladen dürfen.«

Auch gut.

An den Tresen gelehnt schauten wir gebannt zu, wie der Barkeeper behutsam Campari und Saft nacheinander in die hohen Gläser goss. Die beiden Flüssigkeiten vermischten sich so nicht und ergaben ein orange-rotes Streifenmuster.

»Das sieht toll aus.« Regina war schon wieder ganz gut drauf.

Vorsichtig, damit die Streifen sich nicht vermischten, trugen wir die Gläser zu einem Tisch am Terrassengeländer. Regina hielt ihr Glas vor die Kerze und brachte damit die Farben zum Leuchten.

»Eigentlich trinke ich Campari nicht besonders gern, er ist mir zu bitter. Aber allein wegen dieser optischen Spielerei hat er sich schon gelohnt.«

»Warte es ab, mit frisch gepresstem Saft ist der Campari wirklich köstlich, viel besser als mit Saft aus dem Karton. Ich trinke ihn nur noch so. Leider müssen wir das Kunstwerk jetzt verrühren, sonst kommen wir nicht in den Genuss der

Geschmacksverbindung von herb-bitter und fruchtig-süß.«
Wir rührten mit dem Strohhalm um und schlürften gleichzeitig.

»Das ist tatsächlich lecker, dabei bleibe ich.« Regina schaute versonnen auf das dunkle Meer, lauschte der Brandung.
»Kann mir mal ein Mensch sagen, warum wir hier nicht schon
den ganzen Abend sitzen? Was sollte eigentlich dieser ganze
Quatsch von mir da drinnen?« Sie deutete mit dem Daumen
in Richtung Fernsehraum.

»Ich war ja auch nicht frei von diesen Gedankenspielen«,
räumte Hajo ein. »Ich denke, das liegt daran, dass wir zu
Hause einen Job mit Verantwortung für andere Menschen
haben und ständig mit Problemlösungen beschäftigt sind. Das
können wir nicht von einer auf die andere Minute ablegen.
Wenn wir bei der Abreise mit so etwas konfrontiert wären,
würden wir uns wahrscheinlich innerlich völlig unbeteiligt
in den Flieger setzen mit dem Gedanken, lass andere das
regeln.«

Er wandte sich zu mir: »Ich kann mir vorstellen, dass nicht
nur wir uns auf die Jagd nach dem Mörder gemacht haben.«

Dem konnte ich nur zustimmen und berichtete in groben
Zügen von den Theorien über Mordwaffen, Motive und
Täter, die gestern Abend und heute schon entwickelt worden
waren.

»Ihr müsst mir eins versprechen: Die Dopingkartellge-
schichte bleibt unter uns.« Beschwörend schaute ich den
beiden in die Augen. »In Anwesenheit anderer Gruppenmitglieder darf keine Andeutung darüber kommen, auch
nicht im Scherz. Hildegard greift jede noch so abstruse Idee
sofort auf und kann nicht von ihr lassen. Martin wird schon
ärgerlich, wenn er nur ein Wort davon hört, und Holger erholt
sich gerade erst von dem Schock.«

»Schade für Holger, dass es ihm so schlecht geht. Auf dem Flughafen in Frankfurt war er noch vollkommen in Ordnung. Selbst als wir in Madrid auf die Anschlussmaschine warteten, hat er noch locker mit Dörte und den beiden Berliner Mädchen, wie heißen sie noch...?«

»Laura und Jenny«, half ich Regina aus.

»... ja, mit Laura und Jenny geplaudert. Ihm muss der Flug von Madrid über den Atlantik schlecht bekommen sein. Obwohl, wackelig war es nicht. Dennoch ist Holger mindestens dreimal auf die Toilette gelaufen, und Dörte hat ständig beruhigend auf ihn eingeredet.«

»Hier auf dem Flughafen hat er sich dann gleich auf der Toilette in der Gepäckhalle übergeben. Obwohl er kaum etwas von der Sache mitbekommen hat, ist er kaputter als alle anderen«, ergänzte ich und berichtete von meiner Begegnung mit ihm oben auf seinem Zimmer.

Meinen Zorn über seine schlappe und egoistische Reaktion verschwieg ich in dieser Runde.

»Hm, hm«, Hajo nuckelte schon wieder sinnierend an seiner Pfeife. »Gesund ist das nicht, würde ich sagen. Mal der totale Durchhänger, dann wieder hektisch und aggressiv.«

»Meinst du, wir können ihn morgen vielleicht nicht mit auf die Wanderung nehmen?«

Plötzlich stellten sich meine Bedenken wieder ein. »Bist Du vom Fach, Hajo?«

»Nein, vom Fach bin ich nicht.« Hajo zögerte, er ließ sich Holgers Zustand wohl gründlich durch den Kopf gehen. »Ich denke, er sollte auf jeden Fall morgen mit uns wandern, egal, was mit ihm los. Richtig psychisch krank ist er bestimmt nicht, obwohl..., ach nein, das glaube ich nicht. Er sollte so schnell wie möglich wieder in einen geregelten Ablauf hinein. Wenn Dörte sagt, er erholt sich dabei, dann glaube ich ihr das.«

Hajo trank den letzten Schluck, stand auf, nahm die Gläser und schaute uns fragend an. »An das Zeug habe ich mich schon gewöhnt. Ihr nehmt doch sicher auch noch einen, oder?«

Ehe wir uns schlagen ließen, nickten wir lieber.

Hajo kam in Begleitung von Burghard zurück. Der hatte offensichtlich die letzte Stunde mit einem Verschönerungsprogramm verbracht, sein Schnauzer war jedenfalls ordentlich gestutzt.

»Hier hast du dich versteckt. Da kann ich ja lange an deine Tür bollern.«

»Warum? Ist etwas passiert?« Sofort war ich alarmiert.

»Ja.«

»Was?«

»Ich hatte mich entschlossen, mich für deine Einladung gestern zu revanchieren und dich zu einem Drink auf der Terrasse hier einzuladen. Aber das hat ja nun jemand anders für mich übernommen.«

»Wart's nur ab, in spätestens einer halben Stunde kannst du uns alle drei einladen.«

Diese Aussicht schien ihn nicht zu schrecken. Er setzte sich und zog ein Heft aus der Tasche. »Wisst ihr, was das ist?«

»Ein Schreibheft würde ich sagen«.

»Das habe ich mitgebracht, weil ich ein Reisetagebuch führen wollte.« Wir schmunzelten.

»Nun will ich es aber anders nutzen. Damit mir die Gehirnzellen im Urlaub nicht einrosten, habe ich mich entschlossen, mich an der Jagd nach dem Mörder von Stefan Neumann zu beteiligen. Das bin ich ihm als Fan schuldig. Alles rein fiktiv, versteht sich. Allein durch das, was heute an möglichen Motiven und Tätern zusammengekommen ist, wird es zu einer spannenden Urlaubsbeschäftigung.«

Regina, Hajo und ich schauten uns an, ich leicht verzweifelt, Hajo amüsiert, in Reginas Augen glomm Jagdfieber auf.

»Nimmst du mich als Doktor Watson?«

»Warum nicht, *Doctora*?«

»Muss das sein? Ich finde die Idee vom Reisetagebuch besser. Wir könnten das am Ende der Reise für alle kopieren und hätten dann ein schönes Andenken. Ich würde mich jedenfalls sehr darüber freuen«, versuchte ich ihm zu schmeicheln.

»Glaubst du, ich würde meine geheimsten Gedanken kopieren und Hildegard oder Martin überlassen? Kommt überhaupt nicht in Frage. Die Sache ist ohnehin entschieden.«

Burghard blinzelte Regina komplizenhaft zu. »Ihr müsst ja nicht mitmachen.«

Das kam natürlich überhaupt nicht in Frage. Wenn Burghard und Regina etwas ausbrüteten, musste ich dabei bleiben. Nur so hatte ich die Möglichkeit, die Sache in harmloses Fahrwasser zu steuern.

»Du musst dir keine Sorgen machen, das bleibt doch unter uns.« Burghard tätschelte mir die Hand. »Außerdem ist es sowieso nur eine folgenlose Urlaubsbeschäftigung, denn mit 90-prozentiger Sicherheit ist der Mörder oder die Mörderin doch schon entlarvt.«

»Wieso? Hast du Nachrichten gehört? Hat es eine Verhaftung gegeben?«

»Nein, das nicht. Wisst ihr nicht, dass 90 Prozent aller Mordfälle innerhalb weniger Stunden oder Tage aufgeklärt werden und warum?«

»Nein.«

»Weil mehr als 90 Prozent aller Morde von dem Ehepartner oder den Geliebten begangen werden. Meist stehen sie noch mit dem bluttriefenden Messer oder rauchenden Colt in der

Hand daneben, wenn die Polizei auf der Bildfläche erscheint. Das ist doch einleuchtend. Denkt mal nach, wer bringt einen so auf die Palme, macht einen so fertig, dass man keinen anderen Ausweg sieht? Wer bringt einen dazu, den nötigen Hass zu entwickeln, aus dem dann die Triebfeder für einen Mord werden kann? Nur ein Mensch, den man früher geliebt, dem man vertraut hat, mit dem man Lebensperspektiven verbunden hat und von dem man dann feststellt, dass er einen an dem Leben hindert, das man führen möchte, kann soviel Verzweiflung auslösen. Dann braucht es nur noch Alkohol, eine Tatwaffe und *Krrk*.« Er drehte einen imaginären Hühnerhals um.

»Also, nimm dich in Acht!« Regina hob drohend den Zeigefinger vor Hajos Nase. Doch der paffte ungerührt weiter.

»Dann können wir ja anfangen.« Burghard schlug das Heft auf. »Zuerst müssen wir die drei bekannten Fragen stellen. Welche sind das, *Doctora* Watson?«

»Erstens: Wer war am Tatort?«

»Gut, weiter.«

»Zweitens: Wer hatte Zugang zur Tatwaffe und konnte damit umgehen?«

»Okay.«

»Die dritte Frage ist die nach dem Motiv.«

Burghard brummte zufrieden und schrieb jede Frage auf eine eigene Seite.

»Es waren doch zig Leute am Tatort, die wir nicht kennen und auch nicht identifizieren können«, versuchte ich, ihnen die Aussichtslosigkeit ihres Plans vor Augen zu führen.

»Das macht nichts, wir schreiben erst einmal die auf, die da waren und die uns verdächtig vorkommen.«

»Hm, hm«, Hajo nahm die Pfeife aus dem Mund. »Darf ich einen Vorschlag machen, auch wenn ich nicht zum inneren Zirkel gehöre?«

»Aber immer, nur munter heraus damit, wenn's der Wahrheitsfindung dient.« Burghard hatte sich schon voll in seiner Rolle als Sherlock Holmes eingelebt.

»Als ihr unterwegs wart, haben Regina und ich den Fernsehbeitrag aufgenommen, der gestern am Flughafen gedreht wurde. Er zeigt den Tatort auch in der Totalen. Wenn wir den Film anschauen, er dauert höchstens zwei Minuten, sehen wir, wer alles dort war.«

»Sehr guter Vorschlag, aber ich denke, wir sammeln erst einmal ein paar Personen, damit wir nachher wissen, auf wen wir achten müssen.«

»Ich mache den Anfang«, bot Regina an. »Also, zuerst einmal der Samariter, der Lisa aus der Ohnmacht geholt hat und weiteres Personal von CD Tenerife.«

»Und warum?«

Regina berichtete von dem Interview und den Schlüssen, die sie schon daraus gezogen hatte.

Burghard pfiff durch die Zähne. »Das ist ja ergiebiger, als ich dachte. Gut, die Motive sind damit auch klar, Doping, so oder so.« Er wandte sich mir zu: »Was ist mit Paco, dem Ziegenhirten, den wir Steine werfend erwischt haben, war der vielleicht auch auf dem Flughafen?«

»Nein, der nicht«, druckste ich herum.

»Aber wer?«

»Don Lucio, der Besitzer der Ziegenherde und seine Tochter Dácil, die ehemalige Miss España aus Masca, die jetzt als Modell in Madrid lebt.«

Alle schauten mich sprachlos mit offenen Mündern an, und mehr oder weniger widerwillig berichtete ich von meinen Gedanken heute Nachmittag in Masca.

»Wahnsinn, warum hast du mir nicht schon vorher etwas davon gesagt?« Burghard war ein bisschen beleidigt.

»Das kannst du dir doch sicher denken.«

»Moment mal!«, rief Regina dazwischen, »der Name Dácil kommt mir bekannt vor. Ich erinnere mich, dass ich gedacht habe, was ist das denn für ein Name. Ja, ich hab's! Im Flieger von Madrid nach Teneriffa habe ich mir die HOLÁ, so ein spanisches Prominentenklatschblatt, genommen. Da muss ein Foto von ihr drin sein. Die Zeitschrift habe ich auf dem Zimmer, ich hole sie schnell.« Ohne die Genehmigung von Burghard Holmes einzuholen, stürmte sie davon.

»Das lässt sich viel versprechend an. Echte Fakten und motivierte Mitarbeiter«, lobte Burghard.

»Vorn an der Rezeption lag ein Exemplar«, atemlos trabte Regina schon wieder heran und blätterte wild in der Zeitschrift. »Hier ist sie.« Regina legte die Seiten aufgeschlagen auf den Tisch, und wir beugten uns darüber.

Ja, das war Dácil. Am Arm eines groß gewachsenen Mannes tanzte sie durch das Bild. Perfekt gestylt und in einen Traum aus weißen Chiffon gehüllt sah sie vollkommen aus, vollkommen wie ein dunkler, zarter Engel. Und in wessen Arm schmiegte sie sich? In den Arm von Stefan Neumann! Wir schwiegen überrascht.

»Topmodel Dácil durchtanzte die Nacht mit Champ Stefan Neumann«, übersetzte ich die Bildunterschrift.

»Da kann ich gleich mehrere Verdächtige notieren«, bemerkte Burghard. »Dácil und Don Lucio auf der einen Seite und auf der anderen...«, er blickt triumphierend in die Runde, »die Frau von Stefan Neumann. Je nachdem, was unser Casanova vorhatte oder schon gemacht hat.«

»Die Frau von Stefan Neumann war doch nicht am Flughafen«, warf ich ein.

»Woher willst du das wissen? Weißt du überhaupt, wie sie aussieht?«

»So eine kleine Blonde«, erwiderte ich vage, an die Home-story denkend, die ich…, wo war das noch mal, wahrscheinlich in einem Zahnarztwartezimmer oder beim Friseur in der Zeitschrift BUNTE angeschaut hatte.

»Gibt es weitere sensationelle Enthüllungen? Nein? Dann werden wir jetzt mal das Video anschauen. Vielleicht läuft so eine kleine Blonde durchs Bild, wenn nicht, dann kann sie immer noch einen Mörder beauftragt haben.« Burghard erhob sich als Erster.

Wir folgten ihm in den Fernsehraum.

»Die Kassette ist weg!« Hajo tastete im und um den Videorekorder herum. »Ich weiß genau, dass ich sie im Gerät gelassen habe. Ich hatte nicht mal den Rekorder abgestellt, fällt mir jetzt ein.«

»Sicher hat der Nachtportier nach dem Rechten geschaut und sie heraus genommen«, vermutete ich, »ich frage ihn«.

Doch die Rezeption war nicht besetzt. Ein Blick über den Tresen blieb erfolglos. Ich war plötzlich hundemüde, wollte nur noch in mein Bett. In was für einen Blödsinn hatte ich mich da hineinziehen lassen. Obwohl, irgendwie war es ja auch spannend.

»Der Nachtportier hat sich wohl aufs Ohr gelegt, und ich werde das jetzt auch machen«, verkündete ich dem Rateteam.

Die drei meinten, sie müssten die neue Entwicklung des Falls noch einmal auf der Terrasse bei einem weiteren Glas Campari diskutieren. Sollten sie, aber ohne mich.

Kaum hatte ich mich in die Decken gekuschelt, tauchte der hübsche Morpheus wieder auf und zog mich in seine starken Arme. Extra für mich hatte er sich heute Nacht ein tomatenrotes Seidenhemd angezogen. Das fühlte sich wunderbar weich und zart an.

Dienstag

»...neun, zehn, elf, da fehlt noch jemand.«

»Das ist Gabriele, sie wollte sich noch eine Flasche Wasser kaufen«, meldete Laura.

»Zu spät kommen kostet doch jetzt einen Euro Strafe in die Getränkekasse. War es nicht so?«, fragte Georg scheinheilig in die Runde. Martin verzog keine Miene. Gabriele hetzte mit zwei Wasserflaschen heran, ließ sich auf den Sitz neben Martin fallen und reichte ihm eine Flasche.

»Zwölf, heute sind wir wirklich komplett. Ihr wisst, dass wir eine lange Wanderung im Nationalpark vor uns haben. Wir wandern in mehr als 2000 Höhenmetern, auf einem schattenlosen Weg, dort oben ist es garantiert wolkenlos und die Luft besonders trocken.«

Zur Sicherheit fragte ich noch einmal ab, ob alle richtig ausgerüstet waren, damit wir unterwegs keine Probleme bekommen. »Hat jeder mindestens 1,5 Liter Wasser dabei?«

Alle nickten und zeigten ihre Flaschen vor.

»Wie sieht es mit Sonnenkrem aus? Prima, ihr seid richtig gut. Genau so wichtig wie der Wasservorrat ist eine Kopfbedeckung. Habt ihr an Tücher, Mützen oder Hüte gedacht?«

»Ich kann es kaum erwarten, euch meinen Sonnenhut vorzuführen.« Aufgeregt holte Hildegard eine große Papiertüte aus dem Gepäcknetz. Heraus zog sie ein zartes, rotes Gebilde. Ein edler Strohhut, vorn mit Seidenblumen verziert, hinten mit einer Satinschleife versehen. »Was sagt ihr dazu? Den hat mir mein verstorbener Gatte auf unserer Hochzeitsreise in Mexiko gekauft. Ich habe ihn immer in Ehren gehalten.«

Stolz ließ sie ihn auf dem Zeigefinger kreiseln. »Bisher hatte ich so wenige Gelegenheiten, ihn zu tragen, deshalb habe ich ihn mitgenommen. Ein echter Panama.« Sie rieb den Hutrand zwischen den Fingern.

»Gnädige Frau, wäre es möglich, dass Sie in den falschen Bus eingestiegen sind? Der zum Pferderennen in Ascot fährt dort drüben ab.« Georg ließ sich die Gelegenheit für einen Spruch nicht entgehen.

»Hildegard«, versuchte ich es vorsichtiger, »der Hut ist viel zu schade für unseren Ausflug. Mir scheint er für eine Wanderung auch zu fein zu sein, er soll doch vor der Sonne schützen, auf Schönheit kommt es weniger an. Außerdem kann es dort oben sehr windig sein, und dann fliegt das herrliche Stück davon«.

»Ich sehe nicht ein, warum man sich für eine Wanderung nicht gut kleiden sollte. Wie ich schon sagte, der Hut ist aus reinem Panama. Von Sonnenschutz verstehen die Menschen in Lateinamerika mehr als deutsche Wandergruppen. Selbst als deutsche Reiseleiterinnen«, fügte sie mit einem Blick auf mich hinzu. »Außerdem hat er ein Sturmband.« Sich unserer Verblüffung gewiss, löste sie lächelnd die Satinschleife, setzte den Hut auf, verknotete die Schleifenbänder unter dem Kinn und drehte sich mit hocherhobenen Kopf nach rechts und links. Eine leichte Ähnlichkeit mit Katharine Hepburn in »African Queen«, wie da die Hutkrempe auf beiden Seiten über die Ohren geklappt waren, ließ sich nicht leugnen. Nur war Hildegards Hut viel eleganter und sauberer als der von Katharine Hepburn auf ihrer Flucht durch Urwald und schlammige Gewässer.

Ich gab mich geschlagen, machte Ramón ein Zeichen, er ließ den Motor an und bog in die Hauptstraße ein, während Hildegard das gute Stück sorgfältig in Seidenpapier wickelte und im Gepäcknetz verstaute.

»Ist die Kassette wieder aufgetaucht?«, hatte mich Burghard gefragt, die Lippen direkt an meinem Ohr, bevor er sich zu mir an den Frühstückstisch setzte. Obwohl gestutzt, kitzelte der Schnauzer, so dass ich wider Willen kichern musste. Seine fusseligen, farblosen, noch feuchten Haarsträhnen hatte er nach dem Duschen eng an den Kopf gekämmt, jetzt sah es aus, als hätte er eine Vollglatze.

»Nein, Antonio hat heute Morgen Dienst. Er weiß von nichts«, gab ich leise zurück und bemühte mich um etwas Abstand. »Er hat sogar im Personalraum und in den Schränken nachgeschaut, aber keine Kassette gefunden.«

»Das finde ich äußerst mysteriös.« Burghard strich nachdenklich ein knappes Viertelpfund Butter auf eine Brötchenhälfte.

»Pscht, kein Wort mehr davon, Jenny und Laura kommen.«

Mit voll gepackten Tabletts steuerten die beiden auf unseren Tisch zu.

»Hey und guten Morgen«, grüßte Laura gut gelaunt, »ist hier noch frei?« Als wir nickten, setzten sie sich. Jennys Haare standen feucht wie bei einem Igel vom Kopf ab. Laura hatte sich dekorativ ein Handtuch um den Kopf geschlungen.

»Ihr wart wohl heute morgen schon im Meer?«, fragte ich.

»Ja klar, wir müssen die Zeit doch nutzen. In weniger als einer Woche sitzen wir wieder in Berlin bei Frost oder Regen. Nach der Wanderung gestern waren wir zu müde, um zu baden, heute wird das sicher auch nicht anders sein. Da schwimmen wir eben vor dem Frühstück, das ist doch echter Luxus. Lisa kann das ja jeden Tag, aber dir«, Laura schaute Burghard an, »würde das sicher auch gut tun.«

»Diese kanarischen Bananen sind göttlich.«

Jenny schnippelte eine Frucht in ihre Müslischale und häufte einige Löffel Joghurt darüber.

»Wie schafft ihr es nur, so schlank zu bleiben, ich brauche bloß mein Frühstück anzuschauen und schon fühle ich neue Fettansammlungen.« Burghard schaute zweifelnd auf sein Brötchen und biss dann herzhaft hinein. Etwas von der Marmelade, mit der er die Butter gekrönt hat, tropfte herab. Laura reichte ihm eine Serviette

»Vom Anschauen wird man eigentlich nicht dick. Was hältst du von etwas mehr Bewegung und von einer Ernährungsumstellung?« Jenny deutete auf das Brötchen, das gerade in Burghards Mund verschwand, während er schon zum nächsten griff.

»Man gönnt sich ja sonst nix. Aber wenn du mir dabei helfen würdest, könnte ich darüber nachdenken.« Er griff nach ihrer Hand.

»Nein, danke.« Sie zog ihre Hand zurück und wischte sie an der Hose ab.

»Oder du Lisa?« Er schaute mich treuherzig an.

Bei dem war wohl der Notstand ausgebrochen. Erst biss er mir bei seinem Geflüster fast ins Ohr, und nun legt er den Dackelblick auf. Da empfahl sich, heute etwas Distanz zu ihm zu halten.

Der erste Teil der Fahrt hinauf zum Nationalpark führte durch die wenig spektakuläre, trockene Landschaft des Südens. Eine gute Gelegenheit, die Gruppe über die wirtschaftliche und gesellschaftliche Entwicklung in dieser kargen Gegend zu informieren.

»Die Gemeinden Arona und Adeje, durch die wir jetzt fahren, waren noch vor wenigen Jahrzehnten das Armenhaus Teneriffas«, begann ich. »Heute gehören sie dank der Touristenzentren Los Cristianos und Playa de Las Américas, die wir gestern gesehen haben, zu den reichsten Gemeinden.«

»Ob man da ›dank‹ sagen sollte, weiß ich wirklich nicht«, bemerkte Jenny.

»Warum nicht?«, erwiderte ich. »Die Urlaubsorte sind vielleicht nicht nach unserem Geschmack, aber den meisten Gästen scheint es zu gefallen. Außerdem haben die Hotelkomplexe keine ökologisch wichtigen oder schönen Landschaften zerstört. Sie haben aber den Menschen, die hier leben, Arbeitsplätze gebracht und die Gemeindekassen gefüllt. Noch vor wenigen Jahrzehnten gab hier es kaum Infrastruktur, nur wenige Schulen, selbst die Straßen sind erst mit den Urlauberströmen gebaut worden. Teneriffas Süden hat, als Andenken aus diesen Zeiten, immer noch die höchste Analphabetenquote der Insel.«

»Weißt du, wie hoch sie ist?« Gabriele, die Lehrerin, zeigt sich selbst im Urlaub an Bildungsfragen interessiert.

»Bei den Erwachsenen lag sie bei der letzten Erhebung, die ist aber bestimmt Jahre her, bei rund 40 Prozent.«

»Wahnsinn.« Das hätte auch Barbara nicht gedacht, obwohl sie ansonsten gut informiert war, wie sich sofort herausstellte. »Ihr jungen Leute erinnert euch wahrscheinlich nicht daran, aber bis 1975 regierte in Spanien General Franco, ein Diktator, der sein Regime nach einem grauenvollen Bürgerkrieg errichtete. An Bildung für die Massen hatte der bestimmt kein Interesse.«

»Richtig, die demokratische Entwicklung, zu der auch ein Bildungssystem gehört, das auch den Menschen in dieser Region Chancen garantierte, begann erst nach seinem Tod. Inzwischen hat Spanien auch auf dem Bildungssektor aufgeholt, bei den PISA-Studien schnitten die spanischen Schüler insgesamt nicht schlechter ab als die deutschen.«

»Solange Franco noch lebte, sind mein verstorbener Gatte und ich nicht nach Spanien gefahren, obwohl ich den Süden liebe, aber das System damals wollten wir nicht unterstützen«, erinnerte sich Hildegard.

»Wovon haben denn die Menschen gelebt, bevor die Touristen hierher kamen?«, wollte Gabriele wissen.

»Von der Landwirtschaft.«

»Viele Steine gab's und wenig Brot«, sinnierte Georg nach einem Blick auf die felsige Landschaft.

»Sei doch zur Abwechslung mal ernst.« Barbara knuffte ihn in die Seite.

»Seht ihr die Stufen dort am *Conde*?« Ich deutete auf die höchste Erhebung der Gegend, einen Tafelberg. Alle Köpfe folgten brav meinem Finger.

»Das sind keine Treppen, um hinaufzusteigen, das sind angelegte Terrassenfelder. Selbst ganz oben auf der Ebene wurden Felder bewirtschaftet. Stellt euch einmal vor, wie mühsam es war, die zu bearbeiten. Allein der Weg hinauf und hinunter wäre für uns eine Tageswanderung«

»Unglaublich, was für eine Arbeit das gewesen sein muss.« Georg hatte sich Barbaras Mahnung offenbar zu Herzen genommen.

»Diese Minifelder konnten nur per Hand im Trockenfeldanbau bewirtschaftet werden, das einzige Hilfsmittel dabei war eine Hacke. Nach der Aussaat bedeckten die Bauern den Boden mit einer Schicht feiner Vulkansteinchen, *Picón* genannt, damit der Wind die Krume und die Saat nicht wegtrug. Diese Steinchen konnten gleichzeitig über feine Röhren im Stein, Kapillaren genannt, den Tau aufnehmen und in den Boden abgeben.«

»Was haben sie denn hier angebaut? Kartoffeln?«

»Nein, dafür war der Boden hier zu trocken. Getreide, zur

Herstellung von *Gofio*, der kanarischen Nationalspeise.«

»Was ist denn das, Brot?«

»Hättet ihr die Reiseführer, die in der Literaturliste empfohlen wurden, gekauft und auch noch gelesen, wüsstet ihr, dass *Gofio* ein Mehl ist, das schon die Guanchen gefuttert haben.« Burghard schaltete sich erstmals in das Gespräch ein.

»Also doch Brot.«

»Gofio ist ein vollwertiges Nahrungsmittel, viel praktischer als Brot, denn vor dem Mahlen wird das Korn geröstet und damit gegart. Es ist, sagen wir mal so, ein gares Mehl. Das kann man einfach in einem Beutel mit sich tragen und unterwegs, etwa an einer Quelle, mit Wasser vermischen und essen. Ich zeige euch mal, wie es schon die Guanchen unterwegs zubereitet haben und wie es auch heute noch Jäger und Landarbeiter tun.« Ich streckte mein Bein in den Gang.

»Weiter so.«

»Georg!«

»Noch heute transportiert der traditionsbewusste Landmann Gofio in einem Beutel, der aus einem Ziegenbalg gemacht wird, Zurrón genannt. Zur Essenszeit legt er den Balg auf seinen Schenkel«, ich legte einen imaginären Beutel aus Ziegenhaut auf mein Bein, »so, dass das Gofio in den unteren Teil des Beutels rutscht.« Ich deutete einen Beutel unter meinem Knie an. »Dann schüttet er etwas Wasser auf das Gofio und vermischt das Ganze«, ich machte Schütt- und Knetbewegungen, »nimmt sich eine Handvoll von der Masse und rollt es auf dem oberen Teil des Balgs, der auf dem Schenkel liegt, wie Knetmasse zu einem Würstchen. Das ist unterwegs die beste Art, Gofio zu essen.«

»Mach das noch einmal bitte, ich habe das von hier hinten nicht richtig gesehen. Genau so sollen ja die Kubanerinnen die teuersten Zigarren drehen.«

Georg bekam schon wieder einen Rippenstoß. Weil auch Burghards Blick sich an meinem Schenkel fest gesaugt hatte, zog ich mein Bein zurück und verstaute den unsichtbaren Beutel.

»Zu Hause wird Gofio einfach zum Frühstück in die Milch oder abends in die Suppe gerührt, das heißt dann *Escaldón*. So essen ihn die Canarios noch heute. Ramón, isst Du auch Gofio?«, wandte ich mich an unseren Fahrer.

»Na klar, jeden Tag zum Frühstück und abends in der Suppe.«

»Bekommen wir auch mal Gofio?«

»Ist es das feine Pulver auf dem Frühstücksbuffet?«

»Genau, das könnt ihr euch ins Müsli rühren. Wenn es heute beim Abendessen zur Suppe nicht auf den Tisch kommt, dann bestelle ich es. Jedes Restaurant hat Gofio in der Küche.«

»Was schreibst du denn da? Tagebuch?« Hildegard hatte sich über die Rückenlehne von Burghards Sitz gebeugt und darin gelesen, bevor er sein Heft zuschlagen konnte.

»Hast du noch nie etwas vom Briefgeheimnis gehört?«

»Warum schreibst du denn an jemanden, Real Madrid und vielleicht auch der CD Tenerife seien in einen Dopingskandal verwickelt? Das ist doch kein Brief! Du schreibst in ein Heft! Bist du vielleicht von der Presse?« Sie sah ihn kritisch an. »Recherchierst du bei uns inkognito für einen Artikel?«

Bevor Hildegard das Thema vertiefen oder gar lautstark verkünden konnte, was sie gelesen hatte, hielt der Bus. Wir waren bei Vilaflor angekommen und konnten uns Felder mit hellen *Picón*-Schichten ganz aus der Nähe anschauen.

Durch die Boca de Tauce, eine der drei Zufahrten zum Nationalpark Parque Nacional Las Cañadas del Teide, erreichten wir den Riesenkrater.

Vor uns erhob sich der Teide aus einer brettflachen Ebene, dem Llano de Ucanca. Auf seiner Spitze, etwa ab 3600 m blitzten aus hellen Felsen und Ascheschichten noch Schneereste im Sonnenlicht. Darunter das dunkelgraue Massiv und rechts die hellgelben Flächen der Montaña Blanca. Schwarze Lavaströme leckten wie Zungen den Berg hinunter. An der Westflanke des Teide öffnete der Pico Viejo sein von bizarren Rändern eingefasstes Kratermaul. Wir fuhren nach rechts an der hellen, fast weißen Ebene Llano de Ucanca entlang auf die Roques de García zu, eine Gruppe schlanker Felsen, die senkrecht in die Höhe ragen.

Jetzt wurde ich endlich die Informationen los, die ich auf dem Flughafen noch einmal wiederholt hatte, und inzwischen wusste ich auch, dass Basalt mehr als 52 Prozent Silikat enthält.

Ich machte mich etwas unbeliebt bei den Kamerabesitzern, weil ich nicht jeder Forderung nach einem Fotostopp nachgab und sie auf den Aussichtsplatz vor den Roques de García vertröstete, von dem aus man den absolut besten Blick sowohl auf den Teide als auch auf die Ebenen hat. Mit den Roques de Gracía im Vordergrund gelingen dort selbst Amateuren eindrucksvolle Fotos von dem höchsten Berg Spaniens.

»Was heißt eigentlich *Cañada*?« Jenny beugte sich mit einem Wörterbuch in der Hand zu mir. »Im Buch habe ich nur *Canada* gefunden.«

Da das sicher alle interessierte, nahm ich das Mikro und erläuterte, dass Cañada Weideweg bedeutet, denn das Gebiet des heutigen Nationalparks war die Sommerweide der Ziegenhirten, doch dazu gäbe es mehr Informationen im Besucherzentrum *Cañadas Blancas*, bei dem wir unseren Stopp einlegten. Diese Weidewege waren ursprünglich Täler, die feines Lava-Material zu geraden Flächen aufgefüllt hatte und die deshalb in diesem Felsgetümmel gut begehbar waren. Ich ergänzte: »Unser heutiger Wanderweg heißt *Siete Cañadas*, wir gehen demnach auf sieben dieser hellen, mit Vulkangranulat aufgefüllten Wegen.«

»Kann man darin versinken, wie im Treibsand?«, wollte Hildegard wissen.

»Nein, aber dennoch möchte ich euch bitten, unterwegs auf dem Weg zu bleiben, denn zwischen den mannshohen Felsbrocken und Lavaströmen auf den Ebenen kann man leicht die Übersicht und die Richtung verlieren.«

Ich war richtig stolz auf mich, als wir das Informationszentrum Cañada Blanca betraten, gleich neben dem Parador Nacional, das einzige Hotel in den Cañadas und das einzige staatliche Hotel auf Teneriffa überhaupt. Meine kleine Gruppe scharte sich um mich und folgte mir wissbegierig auf Schritt und Tritt. Da war ich in weniger als zwei Tagen zu einer richtigen Reiseleiterin geworden.

Waren wir erst seit zwei Tagen zusammen? Ja, wirklich, wenn man es genau bedachte, waren es erst eineinhalb Tage. Am Sonntagabend hatte ich noch mit dem Schild in meinen vor Aufregung schweißnassen Händen am Flughafen gestanden. Heute war erst Dienstag, und es war noch nicht einmal Mittag. Nach allem, was seither passiert war, kam es mir viel länger vor. Gut, dass die Kassette verschwunden war, damit konnten wir Burghards Mörderspiel mangels Indizien hoffentlich einstellen.

Hier im Informationszentrum waren wir so normal wie alle anderen Reisegruppen. Selbst Holger war nicht mehr so verkrampft, und Dörte musste nicht ständig an ihm herumfummeln. Nicht einmal Hildegard mit ihrer roten Kreation fiel aus dem Rahmen. Außer uns waren mehrere Urlaubergruppen im Raum, auch unter ihnen waren einige recht extravagant gekleidete Damen dabei.

»Dieses Informationszentrum ist den Menschen gewidmet, die früher die meiste Zeit des Jahres hier im Gebiet des Nationalparks gelebt haben. Außerhalb der Wintermonate wurden die *Cañadas* seit jeher als Weidegebiet genutzt. Die letzten Ziegenhirten hat man hier in der Eingangshalle mit Porträts geehrt. Als 1954 der Teide und seine Umgebung zum Nationalpark erklärt wurden, mussten sie das Weidegebiet aufgeben, weil ihre Ziegen sonst die seltenen geschützten Pflanzen mit Stumpf und Stil ausgerupft hätten.«

Die Gruppe versammelte sich vor den gigantischen Schwarzweißfotos.

»Die besonderen Pflanzen in diesem Gebiet werden wir nachher im zweiten Besucherzentrum und auf unserer Wanderung sehen«, ergänzte ich mit Blick auf Barbara, die mir freundlich zunickte.

»Na, wie ist die Lage?«, wandte sich Georg an Jenny, die das Foto eines Hirten mit zerknittertem Gesicht in Augenschein nahm. »Guanchenmäßig meine ich.«

»Nicht schlecht alles in allem. Der hier hat helle Augen. Die Nase passt auch.«

»Den Guanchen, das waren die kanarischen Ureinwohner«, ergänzte ich für die vier, die gestern nicht dabei waren, »sind die folgenden Räume gewidmet. Auch sie waren Hirten, einige ihrer Traditionen, wie etwa die Zubereitung des Gofio, haben sich bis in die heutige Zeit erhalten. Die heute noch typischen kanarischen Sportarten waren Spiele, mit denen sich die Guanchenhirten damals die Zeit vertrieben.« Die Schar folgte mir in den Ausstellungssaal.

»So, so, Knutschen unter Männern gehörte wohl auch dazu. Ist ja kein Wunder, monatelang auf der Weide und keine

Frau weit und breit.« Alle drängten nach vorn zu Burghard, um das erste Wandbild genauer zu betrachten, auf dem sich zwei bärtige, mit Fell bekleidete Gesellen umfangen hielten.

»Die knutschen nicht, die ringen«, korrigierte ich. Aus den Ringkämpfen der Hirten hat sich der kanarische Ringkampf *Lucha Canaria* entwickelt, der sich von allen bekannten Ringkampfarten unterscheidet. Da wird gedrückt und gezogen, es gibt Hebelwürfe wie beim Judo, aber anders als bei den anderen Ringkämpfen endet der Kampf, wenn einer der Kontrahenten mit einem anderen Körperteil als mit dem Fuß den Boden berührt. Wenn der Gegner am Boden liegt, ist der Kampf ohnehin beendet. Es geht also nicht darum, jemanden fertig zu machen, sondern nur darum, die eigene Geschicklichkeit zu beweisen. *Lucha Canaria* ist heute der kanarische Nationalsport und zieht genauso viele Zuschauer an wie z.B. ein Fußballspiel zwischen CD Tenerife und Real Madrid…«
– Warum war mir ausrechnet dieser Vergleich rausgerutscht?
– »Alle Sportvereine haben Abteilungen für den Traditionssport, und selbst im kleinsten Dorf gibt es mindestens eine *Lucha Canaria*-Ringermannschaft«, fuhr ich schnell fort.

»Die großen Vereine haben auch eine Riege für *Juego del Palo*, ich deutete auf das nächste Wandbild, das zwei Guanchen beim Stockkampf zeigte, »ein Geschicklichkeitssport mit Hirtenstäben.«

»Lisa, komm bitte mal 'rüber.« Laura winkte mir zu. Sie stand vor einer Zeichnung, in der sich zwei Guanchen gegenüber standen. Jeder hielt einen Stein in der Hand, neben jedem lag ein Steinhaufen. »Was steht da? Soll das auch ein Sport ein?«

Ich beugte mich vor, um den Begleittext besser lesen zu können. Hinter mir hatte sich die Gruppe vollzählig versammelt.

»Der Text stammt aus einem Bericht aus dem 16. Jahrhundert, er wurde von Antonio Nebrija verfasst«, gab ich bekannt, um etwas Zeit zu gewinnen. »Eine Sportart hat dem Schreiber dieser Zeilen besondere Bewunderung abverlangt«, übersetzte ich weiter. »Sie war auf allen Inseln verbreitet, schon kleine Kinder übten sich darin. Zwei Inselbewohner standen sich in einem Abstand von acht Schritten gegenüber und bewarfen sich abwechselnd mit Steinen.« Ich drehte mich um, mir war sämtliche Lust vergangen, weiter zu übersetzen.

»Na und, ist das alles?«

»Nein.«

»Worauf wartest du?« Burghard bestand auf vollständigen Informationen.

»Der Beworfene wich den Steinen durch geschickte Drehungen des Kopfes und artistisches Beugen des Körpers so aus, dass er nicht getroffen wurde. Verloren hatte, wer zuerst den linken Fuß bewegte.«

»Warum waren bei den Guanchen die Füße so wichtig?«, fragte Hildegard in die eingetretene Stille. Sie schaute sinnend nach unten, drehte erst den einen Fuß, dann den anderen, machte einen Ausfallschritt.

»Unglaublich! Schon kleine Kinder haben sie dazu getrieben!« Jenny schnaubte empört durch die Nase. »Was, wenn einer nicht schnell genug ausweichen konnte und getroffen wurde?«

»Dann hatte der mindestens eine Beule oder gar ein Loch im Kopf«, schloss Martin lakonisch. Gabriele ergänzte: »Möglich wäre auch eine Gehirnerschütterung.«

»Von wegen friedliche, in Harmonie lebende Guanchen.« Laura haute in Jennys Kerbe.

Ich versuchte, Burghard, Regina und Hajo durch Blicke zu hypnotisieren, damit sie mögliche Parallelen zum Sonntagabend hier nicht herausposaunten. Es schien zu wirken, denn sie zogen sich in eine Ecke zurück und tuschelten dort miteinander. Burghard hatte sein Heft aus der Jackentasche gezogen und machte sich Notizen.

»Na, irgendwie mussten die sich doch ein bisschen Aufregung verschaffen. Immer nur friedlich Ziegen hüten und in der Höhle um den Essnapf sitzen ist doch auf Dauer langweilig. Außerdem war gezieltes Steinewerfen doch ein gutes Training für das Zusammentreiben der Ziegen, das wir gestern beobachtet haben. Sicher ging es nicht darum, das Gegenüber ernsthaft zu verletzen.« Barbara zeigte Verständnis für die rauen Spiele.

»Wird dieser Sport auch noch von den Vereinen betrieben, wie der Ringkampf?«, fragte Gabriele.

»Ich glaube nicht. Ich habe es jedenfalls noch nie gesehen und noch nie davon gehört. Ich kann mir das ehrlich gesagt auch nicht vorstellen. Im Text steht übrigens noch, dass diese Wurfübungen, um es mal so auszudrücken, später mit Apfelsinen gemacht wurden.«

»Das muss aber sehr viel später gewesen sein«, meinte Georg, »ich glaube nicht, dass echte Kerle mit Apfelsinen werfen.«

Meine Sorge, das letzte Schaubild und meine Übersetzung könnten die Ereignisse vom Flughafen wieder hochkochen lassen und uns den Tag verderben, schien unbegründet. Die vielen neuen Eindrücke und Informationen und der Wunsch nach einem unbeschwerten Urlaub hatte sie den Vorfall am Flughafen vergessen lassen.

Nur Burghard klammerte sich daran, was weiß ich warum, und Regina und Hajo zogen aus Spaß mit. Alle außer dem Trio hatten sich im Raum verteilt und betrachteten die Exponate in den Schaukästen, Keramikbruchstücke, Kleidungsfetzen und

Handwerkszeuge. Auch Dörte und Holger wirkten ziemlich locker, wie sie da vor einem Inselrelief standen und unseren Urlaubsort suchten.

Ich musste zum Aufbruch mahnen, denn wir wollten vor der Wanderung noch in das Besucherzentrum bei El Portillo und uns dort über Vulkanismus, Flora und Fauna im Hochgebirge informieren.

Ein schwarzes Loch tat sich vor mir auf. Mutig tauchte ich in den stockfinsteren Tunnel ein, verlor kurz die Orientierung und tastete an der Felswand entlang. Es krachte, ich zuckte zusammen. Das folgende Grollen im Berg wurde von einem gleißenden, rötlichen Fluss auf meiner Tunnelseite begleitet. Ich wechselte lieber zur gegenüberliegenden Felswand. Vor mir leuchtete ein heller Rucksack auf. Ein Glück, die Gruppe hatte ich noch nicht verloren. Am liebsten hätte ich jetzt gerufen, aber ich wollte mich nicht lächerlich machen, denn von den anderen hörte ich nur Gekicher und ab und zu einen spitzen, lachenden Aufschrei.

Hinter mir setzte ein Getrappel wie von tausend Füßen ein. Es kam und nahm mich die Mitte. Aus vielen Kehlen kamen Schreie:

»Fi–«

»–Go«

Was sollte das denn heißen? Ein Strom aus Leibern, die mir kaum bis zur Schulter reichten, zog mich mit sich. Waren das englische Liliputaner, die »Go« riefen? War ein Unglück geschehen, mussten wir schnell hier raus? Ein Stoß traf mich im Rücken, ich stürzte nach vorn, musste die Augen schließen, weil helles Licht mich wie ein Blitz traf.

Dann landete ich zum Glück nicht an der gegenüberliegenden Felswand, sondern an etwas relativ Weichem. Der trampelnde Strom teilte sich und zog an mir vorbei. Etwas kitzelte meine Nase.

Ich öffnete die Augen und schaute auf dunkle, krause Brustbehaarung, darüber hing ein Goldkettchen. Statt in einen Trainingsanzug war die Gestalt in ein blau-weißes Polohemd, den Vereinsfarben des CD Tenerife, gekleidet. Oh nein, bitte nicht schon wieder! Was machte der denn hier?

»Oho, unsere Schöne vom Flughafen!«, rief mein Helfer mit dem Riechfläschchen überrascht. Als er den gerade überwundenen Schrecken, der sich wohl noch in meinem Gesicht abzeichnete, sah, lachte er wie ein amerikanischer Weihnachtsmann. »Hoho, hoho. Wirklich täuschend echt dieser neue Vulkansimulator hier im Besucherzentrum. Man fühlt sich wie in einer echten Eruption. Und wenn dann noch so ein Haufen heran stürzt, kann man schon mal den Boden unter den Füßen verlieren.« Er deutete hinter sich.

Im Licht des Ausstellungssaals entpuppten sich die englischen Liliputaner als spanische Pfadfinder. Der Dickwanst vom CD Tenerife war nicht allein gekommen. Die uniformierten Minis umdrängten die in grüne Blazer und graue Flanellhosen gekleideten Fußballprofis von Real Madrid. Einer war besonders umlagert.

»Alle wollen jetzt ein Autogramm von Figo, wie früher von Stefan Neumann.« Sein Gesicht wurde ernst.

»Aber kommen Sie doch hier herüber, wir versperren ja den Ausgang.« Er zog mich zu einer Gruppe blau-weiß gestreifter Polohemden. CD Tenerife stand in gestickten Buchstaben auf den Brusttaschen.

Erst auf den zweiten Blick erkannte ich den Latin Lover, obwohl er in Vereinsfarben nicht mehr ganz so auffällig und toll aussah wie in Tomatenrot am Flughafen. Er schien erfreut, mich zu sehen, auf jeden Fall setzte er ein hinreißendes Lächeln auf, das die langweiligen Farben vergessen machte.

»Wie wunderbar, Sie hier zu treffen. Am Flughafen hatten wir keine Gelegenheit, mit Ihnen zu sprechen, obwohl Sie ja als Allererste von dem Unglück betroffen waren. Darf ich Ihnen meine Kollegen vorstellen? Unseren Masseur Barnabé kennen Sie ja schon, das sind Mauro, der Mannschaftsarzt, und José, der Assistenztrainer. Ich bin Alejandro und für die Öffentlichkeitsarbeit zuständig.«

»Mein Name ist Elisa, es freut mich sehr, Sie hier zu sehen«, hielt ich mich an die spanischen Begrüßungsformeln und reichte erst den anderen und dann ihm die Hand, die er einen Moment zu lang in der seinen hielt.

»Alle sind noch da.« Er deutete auf die Spieler. »Wir machen ein bisschen Sightseeing mit ihnen. Nach dem plötzlichen Tod von Stefan Neumann konnten wir ja nicht einfach zur Tagesordnung übergehen und spielen, als wäre er nur verletzt. Wir haben unsere als Freundschaftsspiel geplante Begegnung auf morgen verschoben. Nun wird sie ein Abschiedsspiel für unseren verstorbenen Kameraden. Die gesamte kanarische Prominenz hat sich angekündigt, selbstverständlich ist auch seine Frau, äh Witwe, eingeladen. Wir werden so von ihm Abschied nehmen, wie er es sich gewünscht hätte. Sie haben sicher schon durch die Presse davon erfahren.«

Nein, das hatte ich nicht. Ich war ziemlich beschäftigt gewesen in den letzten Tagen, unter anderem mit der vermeintlichen Jagd nach dem Mörder von Stefan Neumann. Mehr als Fußball interessierte mich deshalb etwas anderes.

»Wissen Sie etwas über den Stand der Ermittlungen? Hat die Polizei den Steinewerfer schon gefunden und verhaftet?«

Die vier schauten betreten drein. »Nein, leider nicht.«

Bevor einer von uns dazu kam, unsere Unterhaltung fortzusetzen, hörte ich eine bekannte Stimme hinter mir.

»Lisa, da bist du ja. Ich habe dich schon überall gesucht.
Erkläre mir bitte… Oh, du bist in Herrenbegleitung.« Hildegard
trat neben mich und lächelte geziert. »Sag mal«, wisperte sie
mir unüberhörbar ins Ohr, »sind die nicht von dem Fußball-
verein, der am Dopingkartell beteiligt ist, von dem Burghard
geschrieben hat?«

Vor Scham bekam ich heiße Ohren. Hoffentlich hatte
wenigstens keiner verstanden, was Hildegard gesagt hatte.
Hilfe suchend blickte ich mich um. Konnte denn niemand die
Nervensäge hier wegschaffen? Mit gerunzelten Augenbrauen
und fragendem Blick schauten die vier Männer abwechselnd
auf Hildegards Gesicht unter dem roten Wagenrad und auf
mich. Aber ich wollte das nicht übersetzen. Da kam Jenny
auf uns zu, das erschien mir schon besser.

»Gut, dass ihr hier zusammen steht. Mir lassen die Bilder
vom Guanchensport keine Ruhe. Lisa, kannst du bitte fragen,
ob der CD Tenerife auch eine Abteilung für Traditionssport
aus der Guanchenzeit hat?«

Ich erläuterte kurz, worüber ich die Gruppe informiert
hatte, und übersetze Jennys Frage.

»Selbstverständlich. Unser Kollege Barnabé hat im letzten
Jahr den inoffiziellen Hatrik gemacht«, antwortete Alejandro,
ganz der geschmeidige Pressemensch.

»Was ist ein Hatrik?«, wollte Jenny wissen.

»Er hat in drei Disziplinen gesiegt«

»Also im *Lucha Canaria*…«

Alejandro nickte. »Ja, mit der Mannschaft.«

»…im *Juego del Palo*…«

Alejandro nickte. Ich war stolz, dass Jenny alles behalten
hatte.

»…und im Steinewerfen?« Ihr Ton verschärfte sich.

Auf Alejandros Stirn erschien eine steile Falte.

Ich übersetzte nicht, sondern fragte: »Welches ist die dritte Disziplin?«

»Ein Wurfspiel der Guanchen, man könnte sagen Zielwerfen, wir nennen es *Echado*. Offiziell ist diese dritte Disziplin nicht, weil zu gefährlich«, erwiderte Alejandro, jetzt schon nicht mehr ganz so freundlich.

»Das kann ich mir denken. Ich finde es menschenverachtend, mit Steinen auf den Gegner zu werfen«, stieß Jenny aggressiv hervor. Nun schaute die ganze Runde irritiert.

Ich wäre am liebsten im Boden versunken, so peinlich war mir das Auftreten von Hildegard und Jenny. Wie konnten sie sich in unser Gespräch einmischen und dann auch noch solche Unfreundlichkeiten von sich geben. Ein unverzeihlicher Affront. In Deutschland mag die unverblümte Art, vor Fremden zu flüstern oder kritische Fragen zu stellen, inzwischen üblich sein, aber in den Augen von Spaniern war sie vollkommen ungehörig.

Ohne Hildegard und Jenny mit ihren peinlichen Bemerkungen hätte ich jetzt noch ein bisschen mit Alejandro flirten, mich dann freundlich verabschieden oder sogar noch ein weiteres Date vereinbaren können. Aber es half nichts. Die Herren schauten mich fragend an und erwarteten Aufklärung.

»Wir haben im anderen Informationszentrum das Bild mit den Steine werfenden Guanchen gesehen«, erklärte ich. »Womit werfen sie denn heute, mit Apfelsinen?«

Die Mienen hellten sich auf. Barnabé lachte sogar. »Nein, nein«, beeilte er sich zu sagen, »wir werfen weder mit Steinen noch mit Apfelsinen, wir werfen heute mit festen Lederkugeln. Das ist auch nicht ganz ohne, aber wenn wir uns an die Traditionen halten wollen, können wir das nicht einfach auslassen.«

Ich bedankte mich eilig für die Aufklärung, bat um Entschuldigung für unsere neugierigen Fragen und wollte mit Jenny und Hildegard in Richtung Gruppe streben, die etwas weiter vor einem Terrarium stand und ungeduldig herüber schaute, doch Alejandro legte mir eine Hand auf die Schulter und hielt mich so zurück.

»Ziemlich anstrengend so eine Gruppe, nicht wahr?«

»Ja, manchmal schon.«

»Hat die Polizei Sie schon befragt?«

»Nein, bisher noch nicht.«

»Wie lange bleiben Sie noch auf Tenerife?«

»Die Teilnehmer reisen am kommenden Sonntag ab. Ich erwarte dann sofort die nächste Gruppe«

»Dann sehen wir uns vielleicht noch.«

»Ja, vielleicht.«

Er zögerte, öffnete den Mund, wollte wohl noch etwas sagen, tat es dann aber doch nicht.

»Dann bis zum nächsten Mal«, verabschiedete ich mich schnell, denn Barbara winkte mich nachdrücklich zu sich.

Wir umgingen eine Schranke.

»So, ab hier kann sich niemand mehr verlaufen. Wir bleiben bis kurz vor Ende der Wanderung auf dem Hauptweg. Jeder kann also in seiner eigenen Geschwindigkeit gehen. Ich bleibe im hinteren Teil der Gruppe, damit wir unterwegs niemanden verlieren.«

Martin und Gabriele wollten schon los, doch ich musste sie noch einmal bremsen.

»In etwa 50 Minuten erreicht ihr bei einer auffälligen roten Felsengruppe den Fuß der Bergkette, dort machen wir eine kurze Verschnaufpause, dann geht es weiter geradeaus. Unsere *Siesta* machen wir eine Stunde später in der Cañada de la Grieta, gut zu erkennen an den Mauerresten, die dort stehen. Ich möchte die Schnellsten bitten, an den Pausenpunkten zu warten.«

Beide nickten und drehten sich um, doch mir fiel etwas auf.

»Gabriele, hast du deinen Rucksack im Bus liegen lassen?«

»Nein, gestern hatte ich doch den von Holger dabei, den braucht er heute selber. Ich habe meine Sachen dort.« Sie zeigte auf den prallvollen Rucksack von Martin.

Die hatte es gut, und wer trägt mein Gepäck? Neben Wasserflasche und Brotdose schleppte ich noch eine Erste Hilfe-Ausrüstung mit Verbandskasten, Aludecke und Alukissen. Ich hatte sogar vorsorglich einen Satz Schienen gekauft, falls sich jemand unterwegs ein Bein brechen sollte. Mitgenommen hatte ich sie allerdings nicht, denn beim Probepacken hatten sie oben gefährlich aus dem Rucksack geragt. Im Fall der Fälle könnte ich auch ein paar von den Teleskopwanderstöcken als Schienen benutzen, die mehrere Teilnehmer dabei hatten.

»Du musst für einen der ersten Tage einen längeren, bequemen Wanderweg auswählen«, hatte mir Frank ans Herz gelegt. »Die Teilnehmer brauchen Gelegenheit, sich in Ruhe zu unterhalten. Sie buchen eine Studien- oder Wanderreise nicht nur, weil sie etwas lernen oder wandern wollen, sie buchen auch, weil sie in Gesellschaft sein, sich unterhalten wollen. Gerade in den ersten Tagen ist das wichtig. Bei unverbindlichen Gesprächen unterwegs gucken sie, wer zu ihnen passt und mit wem sie die folgenden Abende verbringen möchten.«

Dieser Weg war dafür genau richtig. Er führte breit und ohne extreme Steigungen oder Klettereien über die Hochebene unterhalb des Teide. Nach rechts ließ er ständig freie Sicht auf den Gipfel, nach links näherte er sich den mehr als 2000 Meter hohen Wänden des Riesenkraters und führte dann am Fuß der Bergkette entlang. Mit seinen unterschiedlichen vulkanischen Schichten – roter Tuff, schwarzer Basalt und weißer Tuff, goldfarbener Basalt – gab es ausreichend attraktive Ausblicke auch nach links. Nach der Mittagspause würde die Wanderung durch seltene Pflanzen und markante Basaltsäulen noch interessanter werden.

Ich schaute nach vorn. Die Spitze bildeten Gabriele und Martin, sie waren schon seit der ersten Wanderung ein Paar. Dörte und Holger, der jetzt den grünen Rucksack trug, schlossen gerade zu ihnen auf. Mit etwas Abstand folgten Jenny und Laura, Burghard hatte sich zu ihnen gesellt. Hinter mir hörte ich das Lachen von Regina und Barbara. Georg hatte ein Publikum gefunden und schien sie mit politisch und feministisch korrekten Geschichten zu unterhalten. Das Schlusslicht bildete Hildegard, deren roter Hutrand wippte, während sie intensiv auf Hajo einsprach. Die unvermeidliche Pfeife in der Hand, gab er den interessierten Zuhörer. Alles war, wie es sein sollte. Ich beschloss, Hajo nicht von Hildegard zu erlösen, sondern allein zu bleiben, bis zur ersten Pause meine Stimmbänder zu schonen und einfach nur die Wanderung zu genießen.

»Tankstopp.« Martin stellte sich uns in den Weg, die Wasserflasche noch in der Hand. Die Vorgruppe saß bereits vollzählig im Schatten der roten Felsen, als wir herankamen.

»Aaaaach, das tut gut.«

Wir drehten uns erstaunt zu Holger um. Der hatte gerade die Wasserflasche abgesetzt, jetzt reckte er sich ausgiebig und streckte sich der Länge nach auf dem weichen Boden aus. Er wirkte erstmals vollkommen entspannt und zufrieden.

Dörte schaute glücklich unter ihrer Schirmmütze hervor und nickte mir zu. Da siehst du, es ist genau so, wie ich es vorausgesehen hatte, schien sie mir zu sagen. Das sollte mir recht sein, so konnte es weitergehen.

Burghard hatte sich zu Regina und Hajo gesetzt, wahrscheinlich hatte er bei Jenny und Laura nicht den erwünschten Erfolg gehabt.

Nach wenigen Minuten drängte ich zum Aufbruch, denn mir war eine lange Mittagspause wichtiger als viele kleine Stopps, die würden die Gruppe nur aus dem Wanderrhythmus bringen. In neuer Zusammenstellung machten wir uns wieder auf den Weg. Gabriele und Martin bildeten wie zuvor die Spitze, dann aber folgten Hajo und Burghard, sie hatten Holger in die Mitte genommen. Heckten die beiden etwas aus? Georg wollte wohl unter Männern sein, auf jeden Fall beschleunigte er und schloss rasch zu ihnen auf. Barbara und Dörte sah ich in angeregtem Gespräch, Jenny und Laura ließen sich zurückfallen und gingen mit mir weiter. Hinter uns kümmerte sich Regina um Hildegard.

»Wie bist du eigentlich dazu gekommen, ganz hierher zu ziehen? Ich finde einen solchen Schritt mutig«, begann Laura ein Gespräch.

»Besonders mutig fand ich die Entscheidung nicht.« Ich berichtete den beiden von meinem Häuschenkauf und meinen Zukunftsplänen als Besitzerin eines Vollwertkostrestaurants.

»Meinst du, wir könnten so einen Schritt auch schaffen?«, wollte Jenny wissen. »Seit wir gestern in Masca waren, denken wir nur noch darüber nach. Den Ort und die ganze Umgebung finden wir ideal für Individualurlauber. Du weißt schon, wie in alten Schlössern in der Toskana oder in restaurierten Burgen in Andalusien. Wir könnten Töpfer- und Malkurse anbieten und auch Wanderungen, Kräuter und Biogemüse anbauen und abends an einer langen Tafel gemeinsam essen. Wie findest du das? Meinst du, das hätte eine Chance?«

Bevor ich antworten konnte, schwärmte sie weiter: »Man müsste ein altes Bauernhaus kaufen können, restaurieren und daraus ein Landhotel machen. Laura bietet die Kurse an, das macht sie jetzt schon im Kulturzentrum Neukölln. Ich organisiere den ganzen Laden. Hättest du Lust, bei uns mitzumachen? Du könntest die Wanderführerin sein oder auch die Köchin, wie du willst«, bot sie großzügig an.

»Wenn ihr das Hotel auf La Palma eröffnet, könnten wir darüber reden.«

»Dem Ziegenbesitzer gehört doch die Finca, bei der wir gestern gewandert sind. Meinst du, er würde sie verkaufen? Du hast doch gestern mit ihm geredet, könntest du ihn fragen?«

»Das ist doch nur noch eine Ruine. Wie wollt ihr die denn restaurieren, man kann sie doch nur über den Wanderweg erreichen.« Der Gedanke, noch einmal mit Don Lucio zu sprechen, begeisterte mich nicht. Aber so konkret waren die Vorstellungen von Jenny und Laura offensichtlich doch nicht. Sie träumten nur vor sich hin, da konnte ich problemlos mithalten.

Als sich der Weg hinunter auf die Cañada de la Grieta senkte, war unser kleines Landhotel fertig: Laura hantierte im Schatten eines Feigenbaumes mit Aquarellfarben, Jenny begrüßte die Gäste, und ich schob gerade eine biologisch-dynamisch unbedenkliche Tomatentorte in den restaurierten, mit Mandelbaumscheiten befeuerten Steinbackofen.

Wir hatten uns im Schatten einer Mauer ausgestreckt und verdauten unser Picknick. Der Rauch aus Hajos Pfeife kräuselte sich über uns.

»Lisa.«

»Hm.«

»Was sind das hier eigentlich für Häuser gewesen?«

»Dies war der Lagerplatz der Hirten. Wir liegen hier bei ihrer damaligen Schlafhütte, das dort drüben war der Ziegenpferch.«

»Haben hier auch schon die Guanchen gelagert?«

»In diesen Hütten wohl nicht. Die Guanchen lebten wegen des besseren Raumklimas in Wohnhöhlen. In den Höhlen dort oben hat man die meisten Fundstücke entdeckt, die jetzt im Infozentrum ausgestellt sind. Aber die Pferche, zumindest die Steine, haben sie sicher genutzt.«

»Mensch, dann hocken wir hier ja auf historisch bedeutsamen Grund.«

»Könnte man so sagen.«

»Kannst du uns noch etwas über die Guanchen erzählen, bevor wir uns wieder auf die Socken machen? Hier ist es gerade so gemütlich.«

Das fand ich auch, deshalb unterhielt ich sie mit der Sage von den Guanchenhirten Taxa und Orotaga:

»Eines Tages machten sich Taxa und Orotaga auf den Weg zum Gipfel des Teide, der damals noch *Echeyde* hieß. Wohl war ihnen nicht dabei. Die Idee hatte Taxa in der vergangenen Nacht gehabt, als sie um den Topf mit Gofio saßen. Er hatte sie nicht ernst gemeint, wollte nur mit seinem Mut angeben, aber Orotaga nahm zu seinem Entsetzen die Herausforderung an.

Im Echeyde wohnt der Guayote, der Feuerkojote, das wussten selbst die Kinder. Er verschlang jeden mit Glut und

109

Rauch, der sich seiner Höhle tief im Berg näherte. Einmal in Wut geraten, würde er über den gesamten Stamm herfallen und ihn mit seinem heißen Atem und glühenden Speichel verbrennen. Nun aber gab es kein Zurück. Je höher sie stiegen, umso schneller schlugen ihre Herzen, sie sprachen schon lange nicht mehr, um den Guayote nicht zu wecken.

›Ihr kommt gerade recht‹, grollte plötzlich eine tiefe Stimme hinter ihnen. Da stand er, ein riesiger Kojote mit flammendem Fell und glutheißem Atem. ›Ich habe großen Appetit auf Menschenblut, ihr Zwei werdet gerade meinen ersten Hunger stillen, dann brauche ich mehr.‹

›Oh, entschuldigen Sie bitte, Don Guayote, wir haben nur unser Zicklein gesucht.‹ Sie hielten ihm ein vorsorglich mitgenommenes Zicklein hin, das kläglich meckerte.

›Das interessiert mich nicht, ich will euch beide jetzt und dann noch mehr.‹ Er schien müde zu sein, denn er setzte sich. Taxa und Orotaga hockten sich dazu und ließen den mit Wein gefüllten Ziegenschlauch kreisen. Einmal ins Reden gekommen, entpuppte sich der Guayote als Plaudertasche. Taxa und Orotaga konnten ihm die Pläne für seinen nächsten Überfall entlocken. Sie schenkten ihm das Zicklein für den ersten Hunger und machten sich in Windeseile auf den Heimweg, um ihre Familien zu warnen.

Groß war die Wut des Guayote, als er am Abend über ein leeres Dorf herfiel und mit knurrendem Magen in seine Höhle zurückkehrte. Taxa und Orotaga besuchten ihn noch häufiger, denn sie hatten festgestellt, dass der Guayote zwar grauenhaft aussah und stank, aber seine Einsamkeit größer war als sein Blutdurst. Sie brachten ihm von Zeit zu Zeit ein Zicklein und vergaßen dabei den Weinschlauch nicht. So konnten sie ihm alle Vorhaben entlocken und die Guanchen der Insel Teneriffa, die damals noch *Achinet* hieß, retten.«

Burghard war aufgestanden und hatte sich hinter einen der riesigen Ginsterbüsche verkrümelt. Zurück kam er mit zwei längeren Stöcken, offensichtlich die bei einem Sturm abgebrochenen Äste der hohen Büsche. Er wollte Hajo einen Stock reichen, doch der winkte ab. Holger stand auf und nahm ihn.

»Gut, dann wollen wir einmal das versuchen, was Taxa und Orotaga während ihrer Siesta getrieben haben.«

Burghard umspannte die Stockmitte mit beiden Fäusten, wie er es wohl in der Zeichnung im Informationszentrum gesehen hatte. Beide gingen aufeinander zu und ruderten mit den Stangen herum.

»So etwa?« Burghard schaute mich fragend an.

Ich stand auf, übernahm seinen Stock, zeigte ihnen den richtigen Griff, man musste in der Ausgangsposition etwa 30 bis 40 cm zwischen den Fäusten lassen und dabei nicht zu fest packen, damit der Stock in der Aktion schnell in eine andere Position gebracht werden konnte. Als Demonstration wechselte ich schnell den Griff und stieß ein Stockende in Holgers Richtung.

Der parierte, die Stöcke prallten aufeinander. Holger machte einen Schritt auf mich zu und stieß das linke Stockende in meine Richtung, überrascht, denn ich hatte mich schon zu Burghard umgedreht, aber dennoch rechtzeitig riss ich meinen Stock hoch. Bevor ich den Stock an Burghard zurückgeben konnte, kam Holgers rechtes Stangenende auf mich zu, ich hatte es aus den Augenwinkeln gesehen, wehrte ab und brachte Holger mit einer Rechts-Links-Kombination in die Defensive, der ich eine weitere Rechts-Links-Rechts-Kombination folgen ließ, denn ich hatte schon häufiger bei *Juego del Palo*-Vorführungen zugeschaut, die zu jeder traditionellen *Fiesta* gehören.

Holger stolperte nach hinten. Ich wollte die Vorführung nun wirklich beenden, doch der bisherige Verlauf schien ihm nicht gefallen zu haben. Sein Gesicht verzerrte sich, er rannte mit dem Stock rudernd auf mich zu. Links, rechts, links, rechts peitschten die Schläge auf meinen Stock und dann in die Mitte. Es krachte, meine Stock ging zu Bruch, Holzstücke prasselten auf meinen Kopf. Zum Glück hatte der Stock trotzdem die meiste Wucht von Holgers letztem Stoß abgefangen, sonst wäre ich zu Boden gegangen.

Die gesamte Gruppe applaudierte. Jenny sprang auf. »Mensch, das sah ja richtig ernst aus.« Sie riss den rechten Arm von Holger hoch und rief: »Der Sieg geht an Holger, dank eindeutig besserem Material«.

Ich musste erst einmal verschnaufen.

Burghard erschien wieder auf der Kampfbahn. Er entleerte seine Taschen. Heraus plumpsten Steine, einen von mittlerer Größe hob er auf und wog ihn in der Hand.

»Dann wollen wir auch mal eine umstrittene Sportart testen, wie hieß die noch mal, Jenny? *Echado*?«

»Bist du verrückt, ihr bewerft euch hier nicht mit Steinen.« Sie sprang wieder auf und wand ihm den Stein aus der Hand.

»Ich wollte doch dahin werfen.« Er zeigte auf einen knapp mannshohen Felsen, den er schon mit einem Stein gekrönt hatte, nahm ihr den Wurfstein wieder ab und schleuderte ihn in Richtung Felsen. Aus der Ferne hörte man ein Poltern.

»Knapp daneben ist auch vorbei.« Martin stellte sich neben Burghard, bückte sich, nahm einen Stein und warf. Etwas unterhalb des Ziels knallte der gegen den Felsen.

»Schon besser«, rief Gabriele und klatschte.

Holger schnappte sich einen Stein. »Nicht! Denk an deine Schulter!« Dörte war aufgesprungen. Doch Holger lachte nur und warf. Der krönende Stein flog zum Felsen.

»Gute Leistung, Leute, die Meisterschaften sind ausgetragen, der Sieger aller Disziplinen heißt Holger! Darum sollten wir jetzt weitergehen. Der Guajara-Pass, tolle Aussichtsplätze und das Restaurant im PARADOR rufen.« Ich nahm meinen Rucksack hoch und ging schon einmal voran, die Karawane folgte.

Dann ließ ich mich bis zu Burghard zurückfallen. »Hast du das mit Hajo und Regina ausgeheckt?«

»Was?« Er schaute mich an, als könnte er kein Wässerchen trüben.

»Das Steinewerfen meine ich natürlich.«

»Na ja, wir wollten doch alle wissen, wie schwierig es ist, mit einem Stein so gezielt zu werfen. Als Jenny vorhin die Geschichte vom *Echado* und dem Masseur erzählte, da kam mir die Idee, das mal auszuprobieren, und mit den Stöcken habe ich doch einen unauffälligen Übergang gefunden, oder nicht?«

»Mir hat es gereicht. Burghard, ihr seid erwachsene Menschen. Aber kannst du mir nicht einen Gefallen tun und mit dieser Kriminalgeschichte aufhören? Was soll das überhaupt? Mach doch einfach Urlaub.«

Er schien in sich zu gehen oder beleidigt zu sein, auf jeden Fall reagierte er nicht, und wir gingen eine Weile schweigend nebeneinander.

»Ich glaube, außer dir, Lisa«, begann er nach einigen Minuten, »denkt niemand mehr an die Geschichte vom Flughafen. Geredet wird jedenfalls nicht mehr darüber.«

»Außer von euch dreien.«

»Ja, aber wir haben doch unseren Spaß daran. Sag mal ehrlich, womit soll ich mich hier sonst auseinandersetzen? Ich hatte mir den Urlaub anders vorgestellt. Die Landschaft ist faszinierend, das Klima mild, über die Wanderungen will ich auch nicht meckern.« Als er mein fragendes Gesicht sah, setzte er hastig hinzu: »Auch was du so als Reiseleiterin erzählst, ist in Ordnung, aber«, er druckste herum, »mir reicht das irgendwie nicht. Ich brauche im Urlaub eben noch einen Kick, eine Aufregung.«

»Was hattest du dir anders gedacht?« Machte ich etwas falsch? Hatte ich wichtige Regeln für den Gruppenurlaub nicht beachtet?

»Bei meinen bisherigen Gruppenreisen waren mehr Single-Frauen dabei. Da war immer etwas drin. Aber hier, hier spielt sich überhaupt nichts ab, das ist mir spätestens heute klar geworden. Gabriele hat sich schon für Martin entschieden, Hildegard läuft außer Konkurrenz mit. Jenny und Laura interessieren sich nur für einander. Selbst wenn sie es nicht täten, wären sie viel zu jung für mich. Und wer weiß, wo die noch überall diese Stecker haben. Im Bauchnabel ginge ja noch an. Aber man hört und liest ja auch noch von anderen gepiercten Körperteilen. Mich in so einem Ring zu verheddern, das stell ich mir nicht so prickelnd vor.«

Er zuckte resigniert die Schultern, schaute mich an, »Und du, du interessierst dich nur beruflich für mich.«

»Wie freundlich, mich an letzter Stelle zu nennen! Aber egal, ob an erster oder letzter Stelle, ich fange nie etwas mit einem Gruppenmitglied an, wenn ich für die Gruppe verantwortlich bin. Das gibt nur Probleme«, zitierte ich eine der wichtigsten Reiseleiterregeln und war im Moment froh, mich dahinter verstecken zu können.

»Aber, wir sind doch alle erwachsen, jeder ist für sich selbst verantwortlich.«

»Das habe ich trotzdem immer so gehalten.«

»Keine Ausnahme?«

»Keine Ausnahme.« Was dachte der sich überhaupt?

»Und wenn dich der Blitz trifft?«

»Wenn mich der Blitz träfe, würde ich vielleicht noch einmal darüber nachdenken. Aber Burghard, der Blitz hat mich nicht getroffen.« Das musste er schlucken. »Dich doch auch nicht, oder? Also, was soll's?«

Wir stießen auf die Gruppe, die sich um Barbara versammelt hatte. Sie hielt den silbrigen Blütenständer einer abgestorbenen *Taginaste* in der Hand. Er maß bestimmt zwei Meter.

»Was ist das?«

»Wir hatten auf eine urzeitliche Fischgräte getippt, die hier von Guanchen nach dem Abendessen entsorgt worden ist«, informierte mich Georg.

Ich sorgte für Aufklärung und erinnerte an ein Foto im Besucherzentrum, das die Pflanze im Sommer mit ihrer vollen roten Blütenpracht zeigt.

»Die Taginaste, lateinisch *Echium wildpretii*. Wer errät, wie viele Blüten die endemische Pflanze tragen kann, bekommt nachher meinen Nachtisch.«

»Hundert«, schlug Georg vor. Ich schüttelte den Kopf.

»Tausend«, erhöhte Gabriele.

Barbara betrachtete den Blütenständer genauer, bewegte dabei lautlos zählend die Lippen. »Dreißigtausend.«

Die anderen lachten ungläubig.

»Richtig, zweimal Mandeltorte für Barbara.«

Im Restaurant des PARADOR wartete eine Überraschung auf mich. Als der Ober uns zu unseren Tischen führte, tönte Gelächter aus dem Nebenraum. Neugierig schaute ich hinein. Da saßen doch glatt die Mannschaft von Real Madrid und die Betreuer vom CD Tenerife. Ich winkte kurz hinüber.

Kaum hatten wir die Getränke bestellt, kam Alejandro. Aber er blieb nicht an meinem Tisch stehen, sondern ging weiter zum Nebentisch, an dem sich die meisten Männer der Gruppe niedergelassen hatten und sprach mit Martin, Georg und Burghard. Was sollte das denn? Ich ging hinüber und stelle mich daneben.

»Selbstverständlich«, hörte ich Alejandro in reinstem Deutsch sagen, »selbstverständlich ist es eine Einladung.«

Die drei Männer klopften, Zustimmung ausdrückend, auf den Tisch. Auch Gabriele, Hildegard und Barbara guckten zufrieden.

Ehe ich fragen konnte, was los war, klärte mich Burghard auf: »Alejandro hat uns zu dem Spiel morgen eingeladen. Denk dir, ein Spiel gegen Real Madrid.«

»Aber...«, ich schnappte nach Luft.

»Umsonst. Bei der Bundesliga kostet selbst ein Stehplatz locker 25 Euro, und wir kommen auf die Tribüne, das kann man sich doch nicht entgehen lassen«, warf Martin ein.

»Wir haben für morgen ein Ausflugsprogramm, der Bus ist gemietet, das Essen ist bestellt, so geht das nicht.« Die organisatorischen Themen waren in dem Moment nur vorgeschoben, denn ich war ehrlich empört, weil Alejandro mich ganz bewusst ausgeschaltet und sein Angebot an diesem Tisch gemacht hatte, und ich konnte mir auch noch keinen Reim darauf machen. Auch dass er plötzlich Deutsch sprach, verwirrte mich.

»Elisa, entschuldige bitte meine Eigenmächtigkeit, aber die Einladung ist gedacht als Entschädigung für die auf dem Flugplatz verursachten Probleme, und ich sehe, wir liegen damit richtig. Alle freuen sich. Die organisatorischen Probleme lassen sich sicher leicht lösen.«

Er sprach mit Ramón, der an meinem Tisch saß und erfreut nickte, dabei aber auf mich zeigte. Jetzt fiel mir auch noch Ramón in den Rücken.

»Lisa, sei doch nicht so bürokratisch. Ich finde, das ist ein freundliches, großzügiges Angebot, das kann man doch nicht ausschlagen«, hörte ich jetzt auch noch Barbara. »Wenn dir die Ausflugstage so wichtig sind, ziehen wir eben unseren freien Tag vor.«

Mir sollten die Ausflugstage wichtig sein! Es war doch ihr Urlaub, für den sie bezahlt hatten. Es wäre wirklich unhöflich, ohne guten Grund abzulehnen. Dennoch sah ich mich nach Verbündeten um. Wie Alejandro seine Einladung eingefädelt hatte und sein plötzlich so astreines Deutsch machte mich immer noch stutzig.

Außer Holger und Dörte sahen alle begeistert aus.

»Nur, wenn alle damit einverstanden sind.«

An beiden Tischen wurde geklatscht.

»Wir fahren nicht mit.« Das war Holger.

»Mensch Holger, das war so nett mit dir heute, sei doch kein Frosch«, rief Laura.

Die beiden redeten leise miteinander. Holger schüttelte den Kopf, aber Dörte gab nicht auf. Sie schien ein wichtiges Argument für ihre Teilnahme gefunden zu haben, so dass er schließlich zustimmend nickte. »Na gut, wir wollen Euch nicht den Spaß verderben.«

Ich war nicht nur überstimmt, ich hatte eine volle Bauchlandung gemacht.

Alejandro nahm mich beiseite. »Fein, dann sehen wir uns morgen. Ihr müsst um 16 Uhr 30 am Vereinslokal sein, ich bespreche die Einzelheiten, Parkplatz und so weiter mit dem Fahrer.«

Da hatte ich nun ein Date mit Alejandro und war dennoch nicht zufrieden. Was war, wenn er das Geflüster von Hildegard verstanden hatte? Was war, wenn etwas dran war an der Dopinggeschichte? Was war, wenn die Polizei den

Steinewerfer am nächsten Tag immer noch nicht gefunden hatte? Ich hatte das Gefühl, dass mir tausend Fragen gleichzeitig durch den Kopf schossen und jede Antwort gefährlich sein könnte.

»Lisa, was ist *Sopa de Garbanzos*?«

»Kichererbseneintopf.«

Zurück im Hotel hatte Antonio, bevor ich ihn davon abhalten konnte, vor versammelter Mannschaft die Videokassette hervorgeholt und sie mir mit strahlendem Gesicht überreicht.

»Ich habe den Nachtportier angerufen, um zu fragen, wo er sie versteckt hat. Dabei lag sie die ganze Zeit hier.« Er zog eine Schublade auf und deutete hinein.

»Darf ich mal, die gehört mir.« Hajo nahm mir die Kassette aus der Hand, ließ sie in seinem Rucksack verschwinden und steckte Antonio ein Trinkgeld zu.

»Was ist denn da drauf? Kriegen wir das auch zu sehen?«, und als keiner antwortete: »Oder ist das geheim?« Hildegard hatte wie immer alles mitbekommen.

»Nur mein Lieblingsfilm, den habe ich mir angeschaut, als ihr gestern unterwegs wart«, log Hajo, ohne rot zu werden.

»Und welcher ist das? Vielleicht interessiert der andere Gruppenmitglieder auch?«

»Ben Hur.«

»Ach nein, den kenne ich schon. Der ist mir zu lang«

Hinter uns unterdrückte Regina einen Lacher. Ich nahm meinen Zimmerschlüssel, trat aus dem Pulk und wollte mich abseilen. Regina und Burghard versperrten mir den Weg zum Fahrstuhl. »In einer halben Stunde im Fernsehraum, okay?«

»Könnt ihr mich da nicht raus lassen? Ich bin heute wirklich müde und habe schon mehrfach gesagt, dass ich den Film aus der Ankunftshalle nicht sehen möchte.«

»Das geht nicht. Du hast die Leute dort viel länger beobachten können als wir. Du musst dabei sein. Wir kennen die meisten doch nicht.«

»Also gut«, ließ ich mich breitschlagen, denn blöderweise hatte ich Burghard gegenüber ein schlechtes Gewissen. »Aber ich muss vorher wegen der Programmänderung für morgen telefonieren. Wenn ich dann komme, möchte ich ein großes Bier an meinem Platz stehen sehen. Ich fühle mich ausgetrocknet wie eine Mumie.«

Da saß ich nun wieder in diesem schrecklich plüschigen Fernsehraum, und Hajo verpestete mit seinem Pfeifenqualm die ohnehin schon stickige Luft. Immerhin rauchte er heute einen Tabak mit Pflaumenaroma, der stank nicht so wie der Tabak von gestern, und ich hatte ein frisch gezapftes Bier vor mir stehen.

»Steht was Neues in der Zeitung?«, fragte Hajo in die Runde. An die hatte ich heute überhaupt nicht gedacht.

»Nur etwas über das Spiel morgen«, informierte uns Regina.

»Na, dann schauen wir uns doch Ben Hur einmal an.« Hajo legte die Pfeife in einen Aschenbecher und schob die Kassette in den Rekorder. »Den Ton lasse ich weg, der lenkt nur ab.«

Eva Hermann, die Tagesschausprecherin, bewegte den Mund, schloss ihn und zog eine Flunsch.

In Großaufnahme erschien der schöne Alejandro im tomatenroten Seidenhemd und sprach tonlos in das Mikrofon, das die fesche Blondine ihm vor die Nase hielt. Jetzt die Totale. Wir beugten uns gleichzeitig vor. Im Zentrum vier, fünf Spieler, die an der inneren Seite der Schranke entlang gingen. Da! Da war ja ich. Nicht schlecht, meine Beine von hinten. Durch die klobigen Stiefel und den hochgekrempelten Rand der Shorts wirkten sie rank und schlank. Auch mein neuer kürzerer Haarschnitt sah gut aus, er brachte die dunklen Locken dazu, sich mehr zu kräuseln als früher das längere Haar.

Jetzt wieder eine Großaufnahme. Stefan Neumann stand im Zentrum, blickte zur Seite und schaute wen an? Nein, nicht die Fans, wie ich gedacht hatte, sondern Dácil! Das Bild fuhr ein wenig zurück, man sah beide in voller Größe. Schnitt, wieder die Totale. Stefan Neumann kam auf mich zu, warf die Arme hoch und fiel. Ich schloss lieber die Augen, das musste ich mir nicht auch noch angucken. Öffnete sie wieder. Noch einmal Eva Hermann. Sie sah hoch, bog die Mundwinkel nach oben und öffnete den Mund. Schluss.

»Ist euch etwas Besonderes aufgefallen?« Burghard nahm seinen Job als Chef vom Dienst wieder auf.

Wir schüttelten stumm den Kopf.

»Was ist mit dir, Lisa?«

Ich konnte ihm doch jetzt nichts von meinen Beinen erzählen, obwohl ihn das sicher auch interessiert hätte, aber wahrscheinlich hatte er selbst darauf geschaut.

»So geht das auch nicht.« Regina war aufgesprungen und kam nach vorn. »Der wichtigste Abschnitt hat nicht einmal eine Minute gedauert. Das ging alles viel zu schnell, und es waren viel zu viele Menschen im Bild. So können wir das nicht analysieren.« Sie wandte sich an Hajo. »Können wir den Film mit diesem Gerät auch in Zeitlupe sehen?«

Hajo nickte. »Alles, was ihr wollt, auch Standbilder, und ich kann den Film auch Bild für Bild vorrücken lassen.«

»Gut, wenn überhaupt, geht es nur so. Ich möchte gleich noch einen Vorschlag machen. Wenn wir den Film jetzt in

Zeitlupe ansehen, konzentriert sich jeder von uns auf eine Person oder eine Gruppe. Danach tauschen wir aus, was uns aufgefallen ist. Die auffälligen Szenen lassen wir dann Bild für Bild vorrücken. Geht das in Ordnung?« Wir brummten Zustimmung.

»Regina, du übernimmst das CD Tenerife-Empfangskomitee, die standen am Anfang in der Totalen und zwischendurch links im Bild.« Burghard musste seine Autorität als Vorsitzender der Runde wieder herstellen.

»Im Prinzip geht das in Ordnung, aber bevor die in Aktion treten, müssen wir das Bild anhalten, und Lisa muss mir sagen, wer wer ist. Dann habe ich dazu eher eine Beziehung.«

»Meinetwegen.«

»Lisa schaut auf Dácil und besonders auf Don Lucio, den haben wir bisher nicht oder nur kurz gesehen, und Hajo auf alle Leute, die aus der Gepäckhalle kommen. Du behältst also den Durchgang im Auge.«

»Kein Problem.«

»Und ich achte auf den oberen Bildrand.«

Was das sollte, war uns zwar nicht klar, aber Hauptsache, es ging weiter.

Wieder Eva Hermann in Zeitlupe, und ohne Ton sah es aus, als ob sie nach Luft schnappte. Dann erneut der Latin Lover, er schaute direkt auf mich, also in die Kamera, und sah, obwohl ich sauer auf ihn war, zum Anbeißen aus.

»Halt«, rief ich spontan. Hajo stoppte den Film. »Was ist los? Hältst du den Typ für verdächtig?«

Nein, hätte ich am liebsten gesagt, aber ich finde ihn süß. Das ging natürlich nicht, deshalb sagte ich: »Er ist der PR-Manager vom CD Tenerife und gehörte zum CD Tenerife-Begrüßungskomitee. Noch eine Frage, Hajo, kann man von den Standbildern Abzüge machen?«

»Das müsste gehen, zumindest, wenn wir die Videokassette auf eine CD überspielen. Jeder halbwegs neue Computer ist für CD ausgestattet, und Farbdrucker hat heutzutage auch fast jeder. Warum fragst du?«

»Ach, nur so. Ich finde es ganz allgemein wichtig, das zu wissen.«

Der Film lief wieder an. Jetzt die Totale, Hajo schaltete auf Standbild.

»Da wollen wir mal sehen, wen wir da haben.« Regina war an den Fernseher getreten und deutete auf den Trainingsanzugtypen direkt an der Schranke.

»Wer ist das?«

»Mauro, der Mannschaftsarzt«

»Wer ist der hier?«

»Barnabé, der Masseur mit den nationalistischen Sprüchen.«

»Bei der Brustbehaarung kann ich mir den gut merken.«

»Und der da?«

»José, der Assistenztrainer. Die anderen kenne ich nicht. Es kommt ja auch nur darauf an, ob einer von diesen Leuten noch weiter nach links in Richtung Hallenausgang aus dem Bild verschwindet, die sind doch durch ihre Bekleidung sehr auffällig.«

Regina nickte. Der Film lief in Zeitlupe wieder an.

Während im Zentrum die Fußballprofis ins Bild kamen, schaute ich auf Dácil und ihren Vater. Dácil blickte nach rechts in Richtung der Ankommenden. Ihr Vater stand links neben ihr und sprach. Sie beachtete ihn nicht. Don Lucio drehte sich um. Was machte er da? Er kramte in seiner ausgebeulten Hosentasche und ging nach links aus dem Bild!

»Halt«, rief ich.

»Jetzt nicht.« Das war Regina.

Also schaute ich weiter auf Dácil. Sie lächelte jetzt strahlend. Du meine Güte, sie sah ja aus wie Julia Roberts. Schnitt, Großaufnahme scharf auf Stefan Neumann, dahinter etwas unscharf die strahlende Dácil. Er wandte sich ihr zu. Die Kamera fuhr zurück, beide waren jetzt in voller Größe im Bild. Das musste der Moment sein, in dem ich im Flughafen gedacht hatte, er stutzte wegen des herzlichen Empfangs.

Was machte Dácil denn da mit ihrer Hand, während sie Stefan Neumann anschaute und den Mund bewegte? Sie fuhr damit über ihren Bauch, und was zeichnete sich da unter ihrem Schlabber-Shirt ab? Ach, du meine Güte, sie war ja mindestens im fünften Monat schwanger!

Stefan Neumann drehte sich wieder der Kamera zu, strich seine Tolle aus dem Gesicht und ließ sein berühmtes Lächeln aufblitzen. Dazu hatte er auch allen Grund, der Arme.

Wo ist Don Lucio geblieben? Er war nicht zu sehen.

Hajo schaltete den Film ab. »Die weiteren Bilder sind nicht mehr wichtig, die zeigen nur, wie Stefan Neumann getroffen wird. Wir wissen ja, dass der Stein von den Ausgängen her kam und danach wieder die Großaufnahme, auf die wir aus Rücksicht auf Lisa verzichten sollten.«

»Don Lucio!«

»Der Masseur!«

»Dácil!«

»Dörte!«

Wir riefen alle gleichzeitig.

»Moment mal.« Burghard hob die Arme. »Einer nach dem anderen. Was hast du gesehen, Regina?«

»Als die ersten von diesen niedlichen, kleinen Fußball-profis herauskamen, haben der Mannschaftsarzt und der Masseur nicht auf sie geschaut, sondern weiter auf die Tür. Dann haben sie miteinander geredet, und der Masseur, ein echt widerlicher Typ, ist nach links hinter so einem Infostand von der TUI verschwunden.«

Burghard notierte.

»Alles?«

»Ja«

»Gut. Du bist dran, Lisa«

Ich berichtete, was ich gesehen hatte. Die drei waren alarmiert.

»Da könnte Don Lucio ein astreines Motiv gehabt haben. Fußballprofi schwängert seine Tochter, obwohl er mit einer anderen Frau verheiratet ist. Und der Ausstellungsstein war schon in seiner Hosentasche«, interpretierte Burghard meinen Bericht.

»Oder das war sein Autoschlüssel«, brummte Hajo.

»Spielverderber«, Regina war sauer. »Los, du bist dran, was war mit Dörte?«

Hajo musste erst einmal an seiner Pfeife ziehen und den Rauch in Richtung Decke blasen. »Dörte kam aus der Tür, direkt hinter Stefan Neumann.«

»Na, irgendwann musste sie ja auch aus der Tür gekommen sein.« Regina war noch immer aufgebracht.

»Dann ist sie nicht weitergegangen und hat eine Lücke zwischen sich und Stefan Neumann entstehen lassen. Hinter ihr gab es ein ganz schönes Gedrängel.«

»Sie wollte wohl nicht ins Scheinwerferlicht geraten, das kann ich verstehen.« Auch Burghard hatte den Einwand mit dem Autoschlüssel noch nicht verziehen.

»Noch was?«

»Sie war allein. Weit und breit kein Holger. Sie hatte in jeder Hand einen großen Koffer. Auf ihrem Gesicht war keine Andeutung von Urlaubsfreude zu sehen. Ich würde eher sagen, dort spiegelte sich schiere Panik.«

Wir guckten uns an. Was wollte Hajo damit sagen? Dörte und Holger hatte ich bisher nicht auf Burghards Verdächtigenliste gesehen.

»Holger war auf der Toilette und hat sich übergeben«, fiel mir wieder ein.

»Sagt Dörte. Glaubst du im Ernst, wenn ihr Sensibelchen Holger sich übergibt, dann holt Dörte mal eben die Koffer und geht raus? Kein Stück. Weißt du, was Dörte dann macht?«

»Sie steht dabei und hält ihm die Stirn.«

»Genau. Und welcher Mann lässt ohne triftigen Grund, selbst wenn es ihm nicht so gut geht, seine Frau allein zwei schwere Koffer schleppen? Zumal er körperlich kein Schwächling ist, wie wir heute festgestellt haben.«

»Um es kurz zu machen«, schaltete sich Burghard ein, »es stellt sich hier die Frage: Wo war Holger, und warum war er ausnahmsweise nicht bei Dörte? Wenn wir davon ausgehen, dass Dörte normalerweise nicht ohne ihn die Gepäckhalle einschließlich Toiletten verlassen würde, und dem stimme ich zu, muss er doch schon draußen gewesen sein und einen guten Grund gehabt haben, sie die Koffer schleppen zu lassen.« Burghard sah mich an.

»Bei mir ist er nicht angekommen. Als erstes kamen Regina und Hajo, dann Jenny und Laura, dann erst einmal niemand von uns, dann du und dann Stefan Neumann. Aber warum sage ich das? Wenn Holger die Idee gehabt hätte, etwas gegen Stefan Neumann zu unternehmen, wäre er doch bestimmt nicht zu mir gekommen, damit ich seinen Namen auf der Liste abhake, sondern wäre, ohne auf das Gepäck zu warten, als erster hinaus und dann nach rechts gegangen in die andere Richtung, damit ich ihn nicht sehe, und hätte nach einer günstigen Gelegenheit Ausschau gehalten. Er brauchte ja auch noch eine Waffe…«

Ich stockte betroffen, mir war etwas eingefallen.

»Was ist los? Rede schon.«

»Wenn er nach rechts gegangen ist, dann wären es nur wenige Schritte bis zu den Toiletten in der Ankunftshalle gewesen, und genau gegenüber standen die Vitrinen mit den Vulkansteinen.«

Nun war es still im Fernsehraum. Hajo zog mit gerunzelter Stirn an seiner Pfeife, Burghard starrte in sein Heft, und Regina fasste ihre braunen Locken zu einem Pferdeschwanz zusammen und drehte ein schönes, grünblaues Seidenband darum, das sie vorher am Handgelenk getragen hatte. Burghard sprach als Erster:

»So ein Mist, die Totale setzt zu spät ein. Wenn Holger früher raus gegangen ist, dann war er aus dem Bereich, den die Totale zeigt, zu dem Zeitpunkt schon verschwunden.«

»Ja, aber wohin? Wenn er als Verdächtiger in Frage kommen soll, müsste er zu den Vitrinen gegangen sein, dort einen Stein genommen haben, dann schnell hinüber in Richtung Ausgänge gerannt sein und von dort geworfen haben. Du hast doch den oberen Bildrand angeschaut, Burghard, hast Du nichts gesehen?«

Er schüttelte den Kopf. »Nur ein paar Rücken und Beine.«

»Na dann schauen wir uns die doch mal an.«

Hajo ließ den Film zurück und dann bis zur zweiten Totale vorlaufen und schaltete auf Zeitlupe. Die Fußballknaben setzten sich heute Abend schon zum dritten Mal an der Schranke entlang in Bewegung. Ich beobachtete den oberen Bildrand. Was war das?

»Halt, da ist er!«

Wie der Blitz war ich am Fernseher und presste meinem Zeigefinger auf einen grünen Punkt.

»Nimmt doch den Finger da weg, wir können so nichts sehen.« Regina zog meinen Finger vom Bildschirm. »Er läuft nicht davon.«

Hajo hatte den Film angehalten und ließ ihn Bild für Bild zurück ruckeln.

»Auf jeden Fall ist das ein knallgrüner Rucksack, genau so einen hat Holger«, konstatierte Burghard und machte sich Notizen. Hajo ließ den Film jetzt wieder Bild für Bild vorrücken.

»Der Rucksack bewegt sich in Richtung Ausgänge, bevor er aus dem Bild verschwindet. Damit, liebe Mitstreiter, können wir die Tagung auf der Terrasse fortsetzen. Mehr holen wir aus dem Film nicht heraus.«

Endlich frische Luft und endlich ein neues, frisches Bier. Burghard studierte seine Notizen, blätterte vor und zurück. Wir schwiegen erschöpft und lauschten dem Plätschern der Wellen unter dem Terrassendeck.

»Es tut mir leid, aber der Fernsehbeitrag hat nicht mehr Klarheit gebracht, wie ich gehofft hatte, sondern nur noch mehr Varianten«, eröffnete Burghard das Auswertungsgespräch. »Ich fasse zunächst unsere bisherigen Kenntnisse zusammen: Erstens, am Tatort, ich grenze den mal auf die Zone vor den Ausgängen ein, waren der Masseur, Don Lucio und Holger oder jemand anderer mit einem grellgrünen Rucksack.«

»Dazu möglicherweise noch ganz viele Leute, die wir nicht gesehen haben«, ergänzte Hajo.

»Könnte sein«, räumte Burghard ein, er zögerte und setzte hinzu: »Obwohl ich das nicht glaube. Bei der Aufregung in der Halle, Fernsehaufnahmen, Fußballstars und so weiter hat sich doch alle Welt nach vorn gedrängelt, um etwas davon

127

mitzubekommen. Selbst wenn dort viele Leute gewesen wären, hätte doch mindestens einer den Steinwurf sehen müssen, und wir würden hier nicht sitzen und uns abarbeiten. Egal, wer da war, entweder hat er auf Stefan Neumann geguckt oder«, Burghard zögerte, »er hatte einen Grund, sich nicht als Augenzeuge zu melden. Lassen wir das jetzt erst einmal so stehen und machen weiter.

Zweitens. Alle drei hatten einen Zugang zum Vulkanstein. Alle drei sind gute Werfer. Don Lucio als Ziegenhirte sowieso, der Masseur als Meister im kanarischen Traditionssport auch und dass Holger gut werfen kann, haben wir heute alle gesehen, ebenso dass Dörte erschrocken reagiert hat, als er sich am Steinzielwurf beteiligte, während sie die Hirtenstabdisziplin nicht besonders interessierte, obwohl die mindestens genauso die Schultern belastet.

Drittens. Nun zu den möglichen Motiven: Don Lucio wollte Rache für die Schwängerung seiner Tochter. Der Masseur hatte Angst, dass seine Beteiligung an einem Drogenkartell auffliegt. Holger... Zu Holger fällt mir überhaupt nichts ein. Obwohl wir eben außerordentlich interessante Erkenntnisse zu seinem möglichen Aufenthalt in der Ankunftshalle gewonnen haben könnten, wenn wir kein Motiv finden, müssen wir ihn von der Liste streichen.«

»Wie wäre es mit Liebe?« Alle schauten mich konsterniert an. »Bei 90 Prozent aller Morde ist verschmähte oder vergangene Liebe das Motiv«, erinnerte ich an Burghards Kurzvortrag vom vergangenen Abend.

»Stefan Neumann war eindeutig ein Hetero. Er war an schönen Frauen interessiert«, brachte Regina in Erinnerung.

»Woher willst du das wissen? Ich will damit keineswegs sagen, dass die beiden ein Pärchen waren oder Holger vielleicht in Dácil verliebt war, sondern nur klarmachen, dass wir nichts über Stefan Neumann oder Holger wissen, fast nichts. Genauso wenig wissen wir über die anderen Verdächtigen, und wir werden auch nicht viel heraus bekommen. Vielleicht kannten sich Holger und Stefan Neumann wirklich von früher, in welchem Zusammenhang auch immer. Wir wissen ja nicht einmal, aus welcher Stadt sie kommen.«

»Halt, halt, halt!« Burghard unterbrach mein Gerede ins Blaue, mit dem ich nichts anderes als die Aussichtslosigkeit ihres Unterfangens deutlich machen wollte. »Daten und Fakten zu Stefan Neumann liegen in meinem persönlichen Speicher auf Abruf bereit.« Er tippte sich gegen die Stirn. »Wenn ich vortragen darf?« Ohne eine Antwort abzuwarten, fing er an:

»Seine Profikarriere begann Stefan Neumann 1994 beim Zweitligisten Rot-Weiß Essen. Damals war er 20 Jahre alt und bekam schon in der ersten Spielzeit seinen Stammplatz als Dirigent im Mittelfeld. Er verdrängte den alten Kämpfer Thorsten Schrader. Na ja, der hatte auch wirklich seine beste Zeit hinter sich, der war mit RWE abgestiegen. Zunächst war der Stefan nicht besonders auffällig, er hat sich aber gemausert. Seine große Zeit begann 1995, da haben die Essener unter seiner Führung den Bayern ein blamables Unentschieden beim Pokal beigebracht. Stefan wurde der Held der verkannten Genies. Verkannt war er nun aber nicht mehr, denn der FC Bayern, bekanntermaßen nicht dumm, hat ihn sich sofort gegriffen. Schon vor Beginn der Spielzeit 1996/97 hatte er einen Vertrag mit den Münchnern in der Tasche. In der ersten Spielzeit saß er aber meist auf der Bank und wollte schon wieder zurück nach Essen. Dann gelang ihm ein sensationelles Tor aus der zweiten Reihe, wartet mal – ja klar, das war im Lokal-Derby gegen 1860, damit er hatte seinen Stammplatz.«

»Burghard, bitte«, versuchte ich seinen Vortrag zu stoppen, aber er brachte mich mit erhobener Hand zum Schweigen.

»Mein Gott, wenn ich an die Tore gegen Ajax Amsterdam beim UEFA-Pokal 1998 denke, fantastisch, oder gegen AC Mailand 1999, der helle Wahn. Der war einfach Klasse, der Mann.« Für einen Moment verstummte er wehmütig und schaute ins Nichts, dann kehrte Glanz in seine Augen zurück. »Nach seinen Auftritten bei den Europameisterschaften kamen die Angebote aus Italien, später bei der WM 2002 haben die Spanier nicht mehr locker gelassen, bis er zu Real Madrid wechselte. Ich möchte nicht wissen, was da für eine Ablösesumme geflossen ist. Aber gemessen an dem, was heute ein Ronaldo oder gar ein Ronaldinho kostet, war das wohl ein Klacks.« Er schaute triumphierend in die Runde. »Nicht schlecht, was?«

»Ja, wirklich«, musste ich zugeben, »aber es geht doch darum, ob sich eine Verbindung zu Holger herstellen lässt. Vielleicht hat Holger Stefan Neumann in Madrid am Flughafen gesehen und ihm kam der Hass hoch, aus welchem Grund auch immer.«

Ich wollte mit meinen Einwänden den Eifer der drei dämpfen, aber sie bewirkten genau das Gegenteil, zumindest bei Burghard und Regina.

Regina sprang hoch und warf dabei fast den Stuhl um.

»Stimmt, genau so wird es gewesen sein. Erst in der Maschine Madrid–Teneriffa hat er sich so merkwürdig benommen. Weiß jemand, woher Holger kommt?« Sie schaute fragend in die Runde.

Ich hätte diese Frage mit einem Blick auf die Teilnehmerliste beantworten können, hielt aber lieber den Mund.

»Es könnte auch nicht schaden zu wissen, wie Holger

und Dörte mit Nachnamen heißen«, fuhr sie fort, schloss die Augen, um sich zu konzentrieren.

»Ja klar, das steht doch auf der Namensliste, die wir mit den Reiseunterlagen bekommen haben. Moment, gleich fällt es mir ein. Dörte hat einen Doppelnamen, daran erinnere ich mich, der klang zusätzlich doppelt gemoppelt, so was wie Müllermann-Lüdenscheidt.« Sie zog die Stirn kraus. »Hajo, du könntest dich auch mal wieder ins Spiel bringen. Hast du nicht Lust, die Liste zu holen? Ich glaube, sie liegt in unserem Zimmer auf der Kommode«.

Doch der schüttelte nur den Kopf und klopfte seine Pfeife aus. »Keine Action mehr heute.«

Burghard hatte in der Zwischenzeit eine neue Seite in seinem Heft angelegt.

»Das Opfer«, las ich über Kopf. »Name: Stefan Neumann, Aufenthaltsorte: –, –, Essen, München, Madrid.«

Ich fühlte mich plötzlich total erschöpft. Mir machte auch immer noch die unerwartete Einladung von Alejandro zu schaffen. Hoffentlich brachte die Polizei das Ganze bald zu Ende. Wenn das für die Drei ein Spiel war, bitte schön, sollten sie weiter spielen, aber ohne mich, jedenfalls jetzt.

Ich wünschte ihnen eine gute Nacht und verdrückte mich. Sie registrierten es kaum, denn jeder hing seinen Gedanken nach.

Im Zimmer schaute ich dann doch noch auf die Teilnehmerliste. Holger Bergstedten stand da und Dörte Bergstedten-Niemayer, Wattenscheider Straße 31, 44793 Bochum. Na und, was sagte uns das?

Welches Hemd Morpheus in dieser Nacht trug, kann ich nicht sagen. Kaum unter der Decke, versank ich traumlos in seinen Armen.

Mittwoch

»...zehn, elf, da fehlt noch jemand«

»Gabriele wollte noch zur Toilette«, meldete Martin gerade, als die Tür aufging und Gabriele sich, eine Entschuldigung murmelnd, herein schob.

»Zwölf. Wir sind komplett.« Nur nickte ich heute Morgen nicht Ramón, dem Busfahrer zu, sondern Señor Molina und seinem Assistenten Teniente Jiménez von der Guardia Civil.

Wir saßen in großer Runde im Fernsehraum. Hildegard blätterte freudig erregt in ihrem Bericht, der nun doch noch zu Ehren kommen konnte. Dörtes Aufmerksamkeit war voll und ganz auf Holger gerichtet. Der hatte seine gestrige gute Stimmung verloren und starrte vor sich auf den Boden, während sie ihm den Nacken kraulte. Alle anderen betrachteten interessiert oder gespannt die Polizisten. Señor Molina eröffnete die Versammlung mit der Erklärung, die er kurz zuvor schon mir gegeben hatte.

Als ich vor einer halben Stunde auf dem Weg zum Frühstücksraum an der Rezeption vorbei gekommen war, hatte Antonio mich zurückgehalten, auf eine der Sitzgruppen gedeutet und mir zugeraunt, so dass keiner der anderen Gäste es verstehen konnte: »Da warten zwei Herren von der Guardia Civil auf dich.«

In der grünen Uniform war jedoch nur einer von ihnen gekleidet, ein schneidiger junger Polizist. Als ich mich ihnen näherte, sprang er auf, nahm die Mütze vom Kopf und klemmte sie unter den Arm, um mich zu begrüßen. Sein etwas älterer Kollege erhob sich gemächlicher. Statt Kaki trug er einen unauffälligen, eleganten, hellgrauen Zweireiher mit hellblauem Hemd und passender, blaugrau gemusterter Krawatte.

Die Polizisten hatten wohl meinem Gesicht angesehen, dass mir ein Stein mindestens vom Gewicht der Teidespitze vom Herzen fiel, als ich mich ihnen näherte, auf jeden Fall schauten sie bei der Begrüßung viel freundlicher, als ich es von Amtspersonen gewohnt war. Endlich würde sich alles aufklären. Endlich würden auch Burghard, Regina und Hajo erkennen, dass eine Tätersuche Sache der Polizei und kein Urlaubsspaß war.

»Wir haben bisher auf Ihre Aussagen verzichtet, weil wir gehofft hatten, den Täter vom Sonntagabend ohne Ihre Hilfe dingfest zu machen«, begann Señor Molina das Gespräch nach der Begrüßung und Vorstellung. »Wir haben Sie bisher auch deshalb nicht aufgesucht, weil wir die Gäste unserer Insel möglichst nicht behelligen oder gar beunruhigen möchten, denn wir wünschen, dass Sie Teneriffa in guter Erinnerung behalten und uns weiterhin besuchen. Nun sind wir bei unseren Ermittlungen aber leider an einem Punkt angekommen, an dem jede Beobachtung, die im fraglichen Zeitraum rund um den Tatort gemacht wurde, wichtig sein kann. Sie und Ihre Gruppe waren dort. Ich muss Sie deshalb um Ihre Aussagen bitten. Wäre es möglich, die ganze Gruppe zusammenzuholen? Wir müssen mit allen Teilnehmern sprechen.«

Ja, das war möglich, jetzt erwies sich Alejandros Einladung sogar als praktisch, denn Dank der von den Teilnehmern gewünschten Änderung im Plan, hatten wir an diesem Tag kein Wanderprogramm mit festgelegtem Zeitablauf. Ramón würde mit dem Bus nicht vor 15 Uhr kommen.

Die meisten Teilnehmer lauschten, zustimmend nickend, der Einführung von Señor Molina, während sein Assistent, Teniente Jiménez, einen kopierten Grundriss ausrollte und an die Korktapete pinnte. Er zeigte die Gepäck- sowie die Ankunftshalle des Flughafens.

»Wir gehen zurzeit davon aus, dass der Steinwurf auf Stefan Neumann gezielt vorgenommen wurde und eine schwere Verletzung beabsichtigt war. Sein Tod wurde zumindest billigend in Kauf genommen.«

Ich sah hinüber zu Burghard und Regina, die die Köpfe zusammengesteckt hatten.

»Wir haben das Glück«, fuhr Señor Molina fort, »dass während des Anschlags auf Stefan Neumann ein Fernsehbeitrag gedreht wurde, Teile davon haben sie vielleicht in den Nachrichten gesehen. Er wurde auch im deutschen Fernsehen gezeigt, hat man mir gesagt.« Er schaute sich fragend um.

Ich beeilte mich, von der Tagesschau zu berichten. Er nickte und fuhr fort:

»Aber leider gibt er nicht über alle Anwesenden in der Halle Auskunft und leider, leider ausgerechnet nicht über den Eingangsbereich, aus dem der Stein kam, der zum Tode von Stefan Neumann führte.« Er trat an den kopierten Bogen und schraffierte mit rotem Filzstift eine Zone vor den Eingangstüren.

»Dank des Fernsehberichtes wissen wir aber genau, wo der Stein sein Opfer traf«, er zeichnete ein rotes Kreuz auf die Innenseite der Schranke, »und wo es zu Boden fiel«, ein roter Kreis außerhalb der Schranke folgte.

»Ich möchte jetzt jeden von Ihnen bitten, in der Reihenfolge, in der Sie die Ankunftshalle betreten haben, Ihren Namen zu nennen, zu beschreiben, wie Sie am Sonntagabend gekleidet waren, was Sie an Gepäckstücken bei sich trugen und dann mit einer Nummer den eigenen Standort zum Zeitpunkt des Anschlages auf dem Plan zu kennzeichnen. Wir bitten Sie dann, den Raum zu verlassen. Sobald wir Sie auf den Fernsehbildern identifizieren konnten, werden wir Sie einzeln herein rufen, um Ihre Aussagen aufzunehmen. So schrecklich es für einige von Ihnen sein mag«, er schaute auf mich, »versuchen Sie, sich genau an die entscheidenden Minuten zu erinnern, und noch etwas, beschränken Sie sich bei Ihren Aussagen auf das, was Sie selbst gesehen haben. Hörensagen und Interpretationen können das Bild, das wir uns machen müssen, verfälschen.«

Da es keinen Widerspruch und keine Fragen gab, erhob ich mich. »Ich bin Lisa Sommer, trug beige-farbene Shorts, ein weinrotes T-Shirt und das Pappschild des Reiseveranstalters.« Ich nahm den grünen Filzstift, den der Assistent mir reichte und schrieb eine »1« in den roten Kreis, der Stefan Neumann darstellen sollte und gab Teniente Jiménez eine Teilnehmerliste, die ich noch schnell aus meinem Zimmer geholt hatte, damit er sich die für Spanier kompliziert klingenden Namen nicht zusammen buchstabieren musste. Den Stift gab ich an Hajo weiter, der schon neben mir stand.

»Hans Joachim Kleinschmidt, blaue Jeans, helle Jacke, grauer Schalenkoffer.« Er setzte seine »2« zwischen meine »1« und die Ecke, an der sich die Gruppe gesammelt hatte.

»Regina Börnsen, helle Hosen, blaue Jacke, grauer Schalenkoffer.« Ihre »3« zeichnete sie rechts neben die »2«.

»Jennifer Marbach, schwarze Hosen, schwarze Lederjacke, schwarzer Rucksack und als gutes Erkennungszeichen...«, sie lächelte verschmitzt und fuhr sich mit der Hand über den Kopf, »richtig rote Haare«. Ihre »4« malte sie links neben die »2«.

»Laura Menge, schwarze Hosen, schwarze Lederjacke, rote Haare, aber ich habe einen blauen Rucksack.« Die »5« landete zwischen der »4« und meiner »1«.

»Burghard Schaubner, graue Hosen, blaue Windjacke,

brauner Lederkoffer.« Seine »6« schrieb er direkt zwischen den Kreis mit meiner »1« und Lauras »5«. Er stellte sich neben mich. »Jetzt bin ich aber gespannt«, raunte er mir ins Ohr, und ich hatte dieses Mal trotz des kitzelnden Schnauzers keinen Einwand gegen seine Nähe, so konnte Dörte, die den Stift übernahm, ihn nicht hören.

»Dörte Bergstedten-Niemayer, Jeans, rote Jacke, zwei schwarze Lederkoffer.« Sie setzte die »7« genau dahin, wo Hajo sie im Fernsehbericht gesehen hatte, zwischen die Türflügel zur Ankunftshalle.

Barbara, Georg, Hildegard, Martin und Gabriele waren offensichtlich im Pulk, der sich dahinter in der Gepäckhalle gestaut hatte, gewesen. Dort knäuelten sich jedenfalls bald darauf ihre Zahlen.

Als Holger, blass und mit Schweißfilm auf dem Gesicht, nach vorn ging, hielten nicht nur ich, sondern auch Regina und Burghard, die neben mir standen, die Luft an.

»Holger Bergstedten, schwarze Hose und schwarze Jacke.« Er guckte sich suchend um, bis er Dörtes Blick einfing, die ihm ermunternd zunickte. »Mir war während des Fluges übel geworden, ich war auf der Toilette in der Gepäckhalle gewesen. Ich kam erst heraus, als alles schon vorbei war. Ich kann nicht mit auf dem Fernsehfilm sein.«

Er nahm den Stift, trat an den Plan, zögerte, wir hörten ein kaum unterdrücktes »auch das noch«, dann schrieb er eine »13« an den oberen Ausschnittrand.

»Du hast deinen grünen Tagesrucksack vergessen. Den hatte ich mir doch erst am Montagmorgen ausgeliehen«, rief Gabriele ihm zu.

Holger zuckte zusammen, reagierte aber mit fester Stimme: »Ach ja, der«, sagt er gedehnt, »den hatte ich in der Hand, als ich in die Ankunftshalle kam.«

Während die Herren im Fernsehraum unsere Angaben auswerteten und mit Standbildern aus dem Filmmaterial verglichen, versammelten wir uns in der großen Sitzecke in der Halle.

Holger sprang, kaum dass er saß, wieder auf und stürmte, gefolgt von Dörte, hinaus. Durch die großen Fensterscheiben sahen wir, wie er sich mit beiden Händen an den Kopf fasste und erregt auf sie einsprach bzw. schrie. »Nordsee«, meinte ich zu hören.

Es wäre wirklich besser gewesen, wenn er an die Nordsee gefahren wäre. Trotz milden Klimas und Sonnenscheins, die Aufregungen hier bekamen ihm sichtlich schlecht. Ganz anders als den meisten anderen Teilnehmern. Diesen außerplanmäßigen Vormittag fanden sie womöglich spannender und interessanter als die bisherigen Wandertage.

Hildegard wedelte mit ihren Papieren und zitierte aus dem Bericht, den sie am ersten Abend geschrieben hatte. Ihr manikürter, mit farblosem Nagellack verschönter Zeigefinger stach dabei in die Richtungen, in denen sie verdächtige Personen wahrgenommen hatte.

»Lisa, meinst du, ich sollte meine Beobachtungen vom Steine werfenden Ziegenhirten in meine Aussage aufnehmen?« Sie hielt inne und schaute mich fragend an.

Nun sollte ich auch noch die Fachfrau für Zeugenaussagen geben. »Ich würde beide Beobachtungen trennen, gib doch zunächst den Bericht vom Flughafen und wenn sie dich nach weiteren Eindrücken fragen, kannst du ja von dem Ziegenhirten berichten.«

Sie nickte befriedigt.

»Vielleicht sollte ich die Sache mit dem Guanchensport zur Sprache bringen, was meinst Du? Ich hatte bisher keinen Zusammenhang zum Vorfall am Flughafen hergestellt, aber möglicherweise gibt es ja einen.« Jenny, die bisher nachdenklich an einem Fingernagel geknabbert hatte, kam herüber und setzte sich neben mich.

»So schlau wie wir sind die von der Polizei doch allemal«, schaltete Martin sich ein, »die sind doch hier aufgewachsen, kennen ihre Sportarten und das Ziegentreiben garantiert besser als wir Greenhorns.«

Burghard zupfte mich am Ärmel und deutete mit dem Kopf zur Bar. Regina und Hajo bewegten sich schon in ihre Richtung. Widerstrebend folgte ich ihnen.

Die Stühle standen noch auf den Tischen, der Barkeeper polierte die Gläser, deshalb gingen wir gleich durch zur Terrasse.

»Was machen wir jetzt, was sagen wir von unserem privaten Ermittlungsstand?« Regina sprach aus, was auch mich schon seit dem ersten Treffen mit den Polizisten bewegte.

Hajo zog erst einmal die Pfeife aus der Tasche, klopfte sie am Terrassengeländer aus, kratzte darin herum und begann, sie umständlich zu stopfen. Von ihm war vorläufig keine Antwort zu erwarten.

»Ich gebe nichts preis«, verkündete Burghard mit kampflustig vorgeschobenem Kinn. »Es sei denn«, fügte er grinsend hinzu, »sie geben mir Einblick in ihren Ermittlungsstand.«

»Mensch, Burghard.« Ich legte meine Hand auf seinen Arm, was er mit Wohlwollen registrierte, »sei doch nicht albern.« Sofort entzog er ihn mir. »Die werden uns doch nichts sagen. Und wir, was wissen wir denn? Wir haben nur einen Haufen Vermutungen, nichts wirklich Konkretes. Wer in der Nähe der Schranke war, haben sie selbst im Fernsehbild gesehen, wer sich in Richtung Ausgang entfernt hat, auch. Weil sie das gesamte Bildmaterial zur Verfügung haben, wissen sie über die Ankunftshalle garantiert mehr als wir. Was bleibt dann noch an Fakten?«

»Na ja«, warf Regina ein, »die Möglichkeit, dass Stefan Neumann einen Dopingskandal aufdecken wollte.«

»Das ist doch garantiert schon durch den spanischen Blätterwald gerauscht.«

»Weißt du das, oder denkst du dir das?«

»Das kann ich mir denken.«

»Und die Sache mit Holger«, Regina ließ nicht locker.

»Was... ist... mit... Holger?«, Hajo hatte seine Pfeife endlich zum Brennen gebracht und zog zwischen jedem Wort heftig daran, dann nahm er sie aus dem Mund. »Was haben wir zu Holger? Wir haben einen grünen Punkt gesehen, der sein Rucksack gewesen sein könnte.« Hajo warf mir von der Seite einen Blick zu.

Tja, mein lieber Hajo, mit der Suche nach Holger im Fernsehbeitrag hattest du doch angefangen.

»Keiner von uns hat gesehen, dass er nicht auf der Toilette war. Dörte hat jedenfalls korrekte Angaben gemacht.«

»Wo bleibt ihr denn?« Jenny stand in der Tür. »Holger war schon drin, und jetzt ist Gabriele bei ihnen, die fangen wohl mit den hohen Nummern an.«

»Und wo ist Holger jetzt?«, fragte ich besorgt.

»Der ist aufs Zimmer gegangen, fertig, wie er heute ist. Dörte bringt sich fast um, weil sie ihn noch nicht begleiten darf.«

»Was sagen wir denn nun?«, flüsterte Regina auf dem Rückweg zur Halle. Ich zuckte die Schultern, das musste jeder selber wissen.

Gabriele verließ gerade den Fernsehraum, Hildegard ging hinein.

»Man könnte eigentlich erwarten, dass sich die Reiseleiterin in solch kritischen Situationen bei der Gruppe aufhält und keinen Nebenzirkel aufmacht.« Den Vorwurf von Martin wollte ich als berechtigt wegstecken, als ich Dörtes blasses Gesicht sah, aber Burghard nicht.

»Wir drei gehören auch zur Gruppe und haben Lisa um ein für uns wichtiges Gespräch gebeten«, erwiderte er etwas schärfer als nötig.

»Was soll denn das?« Gabriele schaute Martin verblüfft durch ihre kleinen, runden Brillengläser an. »Wo ist denn hier eine kritische Situation?«

Die schien außer ihm oder vielleicht Dörte, die aber nicht einmal aufblickte, niemand zu sehen, und die allgemeinen Gespräche wurden wieder aufgenommen.

»Señor Schaubner, bitte.« Obwohl Hildegard mit der Nummer 11 noch im Fernsehraum saß, bat Assistent Jiménez Burghard, der die Nummer 6 hatte, zu sich.

Nach einem leisen Wortwechsel drehte Burghard sich um, presste zwischen den Zähnen ein »die blöde Kuh kann ihren Mund wohl niemals halten« hervor und verschwand im Aufzug. Als er wieder erschien, hatte er sein Schreibheft in der Hand, und wenn man genau hingeschaut hätte, wären sicher kleine Dampfwolken über seinem Kopf aufgefallen.

Hildegard verließ mit strahlenden Augen den Vernehmungsraum und übersah den bösen Blick, den Burghard ihr zuwarf, als er eintrat.

»Sie haben eine sehr aufmerksame Gruppe«, lobte der Kommissar. Es sind gute Beobachter unter ihnen. Sie interessieren sich für ihre Umgebung und stellen Zusammenhänge her. Typisch deutsch, auch die systematischen Aufstellungen.«

Señor Molina klopfte auf das neben ihm liegende Material, nachdem ich meine Aussage als letzte aus der Gruppe beendet hatte. Dort stapelten sich Hildegards Bericht, Burghards Notizbuch und die Videokassette von Hajo.

Ich unterdrückte ein Lächeln, denn er konnte ja nicht ahnen, dass »typisch deutsch« nicht von allen als Kompliment aufgefasst werden würde.

»Sie glauben nicht, was wir manchmal für Zeugenaussagen bekommen, die widersprechen sich diametral«, fuhr er fort, »das war bei ihrer Gruppe kaum der Fall. Übrigens, ich gehe davon aus, dass alle Teilnehmer bis zum Sonntag auf der Insel bleiben.«

Als er meinen überraschten Blick sah, beeilte er sich hinzuzufügen: »Nur falls wir noch weitere Fragen haben oder jemandem noch etwas einfällt. Meine Telefonnummer haben jetzt alle Gruppenmitglieder. Falls sich in den nächsten Stunden etwas Neues ergibt, ich bin wie Sie heute Nachmittag bei dem Fußballspiel.«

Ich wollte mich schon erheben, als er mich mit einem »übrigens« zurückhielt. »Ist Ihr Teilnehmer...«, er blätterte in seinen Papieren, »Holger Bergstedten schon länger in so einer schlechten nervlichen Verfassung?«

Ich sagte ihm, was ich bisher beobachtet hatte und konnte dann gehen.

»Zu unserer großen Freude können wir als besondere Ehrengäste zu unserem Abschiedsspiel für unseren Kameraden und Freund Stefan seine Witwe Corinna und seinen Sohn Sebastian begrüßen«, schallte es aus den Lautsprechern ins brechend volle Stadionrund.

Die beiden Mannschaften hatten schon Aufstellung genommen. In zwei Reihen standen sie längs der Mittellinie mit gesenkten Köpfen und hinter dem Rücken verschränkten Händen. Sie trugen, ebenso wie viele Zuschauer und fast alle Ehrengäste auf der Tribüne, einen Trauerflor um den rechten Arm.

Ohne gesonderte Absprache hatte meine Gruppe gedeckte Farben zu diesem Anlass gewählt. Für Laura und Jenny war das kein Problem gewesen, die trugen ja ohnehin nur Schwarz. Ihr Kleiderschrank erwies sich deshalb als bereitwillig zur Verfügung gestellte Fundgrube für die weiblichen Gruppenmitglieder, die für die Reise in den immerwährenden Frühling überwiegend helle, leichte Bekleidung in den Koffer gepackt hatten.

Ich trug mein schmales, schwarzes, ärmelloses Baumwolljerseykleid, das zu allen Gelegenheiten passte. Es war vielleicht etwas kurz, aber mit der schwarzen, blickdichten Strumpfhose, die ich schnell noch gekauft hatte, ging es.

Den Vogel hatte mal wieder Hildegard abgeschossen. Ein dunkel gemustertes Umschlagtuch hatte sie wie einen Turban um ihren Kopf gewunden. Das sah wirklich sehr würdig und elegant aus. Sie hatte unsere bewundernden Ausrufe genossen, als sie in den Bus stieg und sich strahlend um die eigene Achse gedreht.

Wir waren übrigens vollzählig. Ich hatte fest damit gerechnet, dass Dörte und Holger im Hotel bleiben würden. Auf mein Klopfen nach der Befragung durch die Guardia Civil hatten sie nicht geantwortet, und zum Mittagessen waren sie auch nicht erschienen. Aber dann saßen sie schon im Bus, als ich einstieg.

Holger schien sich etwas erholt zu haben, er war weniger blass als am Vormittag. Dörte sah von der vielen Tröst-Arbeit, die sie geleistet haben musste, erschöpft aus. Während der Fahrt nach Santa Cruz war sie eingeschlafen und erst kurz vor dem Heliodoro-Stadion aufgewacht.

Viel verpasst hatte sie unterwegs nicht. Die Strecke längs der Autobahn im Osten ist die ödeste der gesamten Insel. Industriebauten, Lagerhallen und das mit Öl betriebene Kraftwerk kurz vor der Hauptstadt rufen bei den Urlaubern, die das erste Mal auf die Insel kommen und über diese Strecke ihre Urlaubsziele im Norden ansteuern, einen gelinden Schock und Zweifel an der richtigen Wahl ihres Urlaubsortes hervor.

Mein Blick ging nach vorn, wo ich in der Mitte der ersten Reihe die kleine, in schwarz gehüllte Gestalt von Corinna Neumann aufrecht stehen sah. Von einem am Hinterkopf festgesteckten Pillbox-Hütchen zog sich ein leichter Spitzenschleier über ihr Gesicht. Links neben ihr stand Sebastian, der vielleicht zehnjährige Sohn, der sie fast schon überragte. Mit seinem hellblonden Schopf erinnerte er schmerzlich an seinen Vater. Rechts von ihr der Vereinspräsident von Real Madrid, daneben der Präsident des CD Tenerife, und neben dem stand Alejandro. Im schwarzen Polohemd sah er auch nicht übel aus.

Er hatte mir zugeblinzelt, als wir unsere Plätze im hinteren oberen Teil der Haupttribüne einnahmen. Leider hatte er uns bei unserer Ankunft nicht begrüßen können, die Presse verlangte ihr Recht. An Stelle von Alejandro nahm uns Barnabé in Empfang und geleitete uns kreuz und quer durch den riesigen Stadionbau mit seinen vielen, kahlen Gängen und Treppen.

»Ausgerechnet der Hatrik-Meister«, flüsterte Jenny und schnitt eine Grimasse, als er uns begrüßte. Ich versuchte, durch ein besonders breites Lächeln davon abzulenken.

Er war wohl dazu abkommandiert worden, auf uns aufzupassen, denn er hatte sich neben mir auf dem Platz zum Gang niedergelassen. Da hockte er jetzt nach vorn gebeugt und knetete stumm seine Hände. Apropos Hände, hatte der denn nichts anderes zu tun? Müsste er nicht eigentlich mit dem Mannschaftsarzt und dem Trainer auf der Bank am Spielfeldrand sitzen? Er war doch der Masseur.

»Liebe Corinna, lieber Sebastian, wir sind überglücklich, dass ihr heute bei uns seid, damit wir die tiefe Trauer, die euer Herz umfasst hält, mit euch teilen können. Wir versichern euch, so wie du, Corinna, Stefan als deinen Mann und du, Sebastian, als deinen Vater geliebt hast, so liebten wir Stefan als unseren Kameraden und Freund, so liebte ganz Spanien ihn als einen der besten Spieler, der je einen spanischen Fußballrasen betreten hat.«

Ich erkannte die Stimme des Stadionsprechers, es war die des populärsten Fußballkommentators des Landes, Rafael Montesdeoca. Berühmt, weil er bei einem Treffer länger als jeder andere das das »o« im »*gol*« halten konnte und daraus ein »*goooool*« machte.

»Ich bitte jetzt alle Anwesenden, sich zu einer Schweigeminute zu erheben und sich an den Händen zu fassen.«

Mit lautem Scharren erhoben sich die Zuschauer. Von rechts ergriff die Pranke von Barnabé meine Hand. Musste der so zudrücken? Meine Linke fasste die Hand von Burghard. Der Blödmann strich doch wirklich mit seinem Zeigefinger auf meiner Handfläche herum, und ich konnte ihn jetzt nicht loslassen, ohne zu stören. Ich warf ihm einen wütenden Blick zu, doch er grinste nur frech zurück.

Verstohlen schaute ich mich nach den anderen Gruppenmitgliedern um, die in unserer und in der Reihe hinter uns standen. Alle sahen ernst und gesammelt aus. Vollkommene Stille lastete auf dem Stadion.

»Wir danken Ihnen.« Die etwa 20.000 Menschen, die nicht mit einem Stehplatz vorlieb nehmen mussten, nahmen wieder ihre Plätze ein.

Ich rieb meine rechte Hand am Kleid trocken, denn Barnabé hatte nicht nur kräftige Pranken, er schwitzte auch noch.

»Wir begrüßen jetzt weitere Gäste, die unserem Kameraden die Ehre erweisen. Von Beifallsbekundungen bitte ich abzusehen«, tönte es aus den Lautsprechern. »...den Präsidenten der Autonomen Provinz Kanarische Inseln mit seiner Gattin, den Präsidenten der Inselregierung Santa Cruz de Tenerife mit seinem Stellvertreter, den Präsidenten der Stadtverordnetenversammlung von Santa Cruz, den Präsidenten der...«

Ich wunderte mich nicht zum ersten Mal, wie viele Präsidenten es auf diesen kleinen Inseln gab, während der Stadionsprecher seine Liste fortsetzte. Aufmerksam wurde ich erst wieder, als er besondere Herzlichkeit in seine Stimme legte:

»Ich freue mich besonders, dass ich eben eine uns allen gut bekannte junge Frau auf der Seitentribüne entdeckt habe. Teneriffas schönstes Gesicht, unsere Miss España 2003, Dácil.«

War dieser Mensch verrückt geworden oder war er nur ahnungslos. Alle Köpfe wandten sich nach rechts, auch meiner. Sie hatte sich erhoben. Da stand sie, hochgewachsen und schön wie eine Göttin. An ihrer Seite Don Lucio.

In diesem Moment drückte ein Windhauch den zarten Stoff ihres schwarzen Kleides gegen den Körper und zeigte, was er verdecken sollte, ein Fünfmonatsbäuchlein. Trotz allgemeinen Schweigewunsches brach sich ein zigtausendstimmiges »Aaaah« Bahn.

Ich löste meinen Blick von Dácil und schaute nach vorn zum Platz von Corinna Neumann. Sie war nicht mehr zu sehen, dafür aber mehrere nach unten gebeugte Köpfe, wahrscheinlich war sie angesichts der Schwangerschaft ihrer Rivalin zusammengebrochen.

Besorgtes und empörtes Gemurmel drang von den Plätzen der Offiziellen herauf. Auch hinter mir wurden aufgeregte Stimmen laut. Aber *The show must go on* – oder der Schiedsrichter hatte nicht bemerkt, was der Stadionsprecher angerichtet hatte, er gab das Spiel in dem Moment frei, in dem die Fußballpräsidenten, eskortiert von Alejandro, Corinna Neumann in einem Blitzlichtgewitter nach draußen führten.

»Cabra übernimmt den Ball«, tönte es aus den Lautsprechern, »und gibt ihn nach vorn zu Izquierda, doch der kann ihn nicht mehr erreichen, der Mann mit der Nummer 8, Marcos, hat ihn sich geangelt, umspielt Suelo und gibt ihn zurück an den schnellsten Mann im Stadion, an Rivaldo. Mit langen Schritten stürmt der in Richtung gegnerisches Tor, gibt dann ab an Cafu, vorn steht Figo frei, und passgenau serviert ihm Cafu das Leder, Gefahr vor dem Tor des CD, Schuss … und Barca, der unvergleichliche Barca fängt den Ball mit beiden Armen. Ja, meine Damen und Herren, das war ein furioser, das war ein würdiger Auftakt.«

Ehrlich gesagt, ich hatte nicht viel vom Ball gesehen. Den Anstoß schon und als Barca ihn in den Armen hielt auch, aber dazwischen hatte ich zeitweilig doch glatt in die falsche Richtung geschaut, wie ich beschämt feststellen musste.

»Weit, weit tritt Barca das Leder in das gegnerische Mittelfeld…«

»Doña…«, Barnabé räusperte sich, »wir müssen über etwas sprechen.«

Meinte der mich? Ich sah mich um, weit und breit niemand, auf den die Anrede *Doña* gepasste hätte.

»Wir?« Ich zeigte erst auf mich und dann auf ihn, er nickte. »Ich heiße Elisa. Worüber müssen wir jetzt reden?«

»Über das, was die Lady gestern gesagt hat.« Er schaute zu Hildegard hinüber.

Ich folgte seinem Blick und sah aus den Augenwinkeln, dass die zwei Plätze hinter ihr leer waren. War Holger schon wieder schlecht geworden? Sie hatten also Hildegards Geflüster mitbekommen, wie peinlich. Mehr noch, es beunruhigte zumindest Barnabé ernstlich, sonst würde er nicht mitten im Spiel davon anfangen.

»Ach das, machen Sie sich darüber keine Gedanken. Sie plappert immer alles heraus, was sie irgendwo aufschnappt.«

»Wir machen uns aber Gedanken, und was sie wo aufgeschnappt hat, interessiert uns besonders.« Wir, er hatte wir gesagt, also stand er in der Sache nicht allein.

»Sie hat irgendwo etwas gelesen, was nicht für sie bestimmt war. In der Zeitung stand was über Doping, glaube ich.«

»Doña«, er senkte seinen Ton, »da stand nichts in der Zeitung, sie sollten lieber bei der Wahrheit bleiben.«

»Dann hat sie es eben woanders gelesen«, erwiderte ich kurz angebunden. Jetzt reichte es mir. Ich versuchte mich wieder auf das Spiel zu konzentrieren.

»Albóndiga treibt das Leder durch die gegnerische Abwehr...«

»Doña, Ihr Freund, ist der Journalist?«

»Welcher Freund?«

»Na, der da.« Er deutete auf Burghard.

»Das ist nicht mein Freund, und Journalist ist er auch nicht. Er ist Lehrer, glaube ich. Er macht hier Urlaub. Er macht hier Urlaub, verstehen Sie. Er will sich erholen.«

»Er hat etwas über uns geschrieben, und die Lady hat es gelesen. Was hat er geschrieben?«

»Fragen Sie ihn doch selbst.«

»Ich frage aber Sie. Sie wissen, was er geschrieben hat. Als die alte Lady davon angefangen wollte, haben Sie nicht übersetzt und waren froh, als die rothaarige *Chica* kam und von etwas anderem sprach. Da läuft doch was.«

»Was soll denn hier laufen?«

Ja, was lief hier eigentlich? War das hier eine sorgsam eingefädelte Sache? Waren meine Bauchschmerzen bei der so ungewöhnlichen Einladung instinktiv richtig gewesen? War etwas dran an dieser Dopinggeschichte? Wenn ja, dann steckte Alejandro, der falsche Hund, da voll mit drin, denn er hatte uns eingeladen, und vorhin zwinkerte er mir noch so harmlos zu. Wollten sie nichts anderes als uns auf ihr Terrain locken, damit sie uns problemlos ausquetschen konnten und dann? Die konnten uns doch nicht alle mit Steinen bewerfen, wie Stefan Neumann, und dabei wussten wir noch nicht einmal etwas.

»Don Barnabé«, jetzt bekam er seine *Doña* zurück, »wir wollen hier nichts anderes als einen ruhigen Urlaub verbringen, und das fällt uns schon seit Sonntagabend schwer genug, auch ohne Ihre Fragerei. Vielleicht erinnern Sie sich daran, dass Stefan Neumann auf mich gefallen ist!«

»Und, was waren seine letzten Worte?« Barnabés linke Hand umklammerte plötzlich mein Handgelenk. Das breite Gesicht direkt vor meinem, blies er mir seinen Atem um die Nase. Ich drehte den Kopf zur Seite und versuchte meinen Arm zu befreien, mit dem Erfolg, dass er auch mein zweites Handgelenk umklammerte. Hilfe suchend sah ich zu Burghard hinüber, doch der starrte gebannt auf das Spielfeld. Wie kam ich bloß von diesem Typen weg?

»Er hat etwas gesagt, nicht wahr?«

Ich zerrte weiter an meinen Armen, wollte ihn anschreien, aber es kam mir jemand zuvor.

»Gool, Gooooooooooooooool, Gooool, Goool«.

50.000 Menschen rissen die Arme hoch und nahmen Rafael Montesdeocas Siegesrufe auf. Im Freudentaumel sprangen die Zuschauer um uns herum auf die Sitze, tanzten und rempelten uns an.

Das war meine Chance. Die Explosion der Freude hatte ihn mehr abgelenkt als mich. Ich drehte meine Arme aus der Umklammerung und war mit einem Satz an Barnabé vorbei auf der Treppe. Er griff überrumpelt nach mir. Zu spät, ich spürte seine Hände an meinen glatten Strümpfen abgleiten. Auch die Treppe war voll hüpfender Menschen, an denen ich mich mühelos vorbei schlängelte.

Mit wenigen Sätzen erreichte ich das große Tribünentor. Ohne nachzudenken oder mich umzuschauen, stürmte ich nach links und dann die Treppe hinunter. Folgte er mir? Außer meinem klopfenden Herzen und dem noch immer anhaltenden Jubel war nichts zu hören. Nah an die Wand gedrückt lief ich weiter. Noch eine Treppe, bloß weiter, also hinunter.

Unten angekommen schaute ich zurück nach oben. Keine Spur von Barnabé. Den Blick weiter auf die Treppe gerichtet verschnaufte ich etwas. Was sollte ich jetzt machen? Ich konnte doch nicht verschwinden, die Gruppe war noch oben. Ich brauchte einen ruhigen, sicheren Platz zum Nachdenken.

Barnabé war zwar nicht zu sehen, aber wer weiß, welche Verbündete er unter den Ordnern hatte, die durch die Gänge patrouillierten. Außerdem hatte die Aufregung mir auf die Blase geschlagen. Ich schaute mich nach einer Toilette um.

Ein Film mit einem Mord auf einer Toilette fiel mir plötzlich ein. Wie hieß der noch gleich, ach ja, Der Zeuge mit Harrison Ford. War das eine gruselige Szene auf der Bahnhofstoilette! Auch in Cotton Club war jemand mit einer Maschinenpistole auf der Toilette niedergemäht worden.

Aber wir waren hier auf Teneriffa und nicht in New York oder Chicago. Männer würden in Spanien niemals eine Damentoilette betreten, oder etwa doch?

Vorsichtig glitt ich weiter an der Wand entlang. Da, eine Tür, *Caballeros* stand darauf, und ein Typ kam heraus, der sich noch im Eingang den Reißverschluss hochzog. Da konnte die Tür für *Damas* ja nicht weit sein. Richtig, da war sie schon. Ich schob die Tür auf und hätte vor Erleichterung fast geweint. Mindestens zehn munter schwatzende Frauen standen im Vorraum, kämmten sich oder zogen Lippenstift nach.

»*Con permiso*«, ich schob mich zwischen ihnen hindurch. Im Toilettenraum war eine lange Schlange, das würde ich jetzt auch noch aushalten, vor allem verschaffte sie mir etwas Ruhe und Zeit zum Denken, aber analytisch bitte, liebe Lisa, und nicht panisch, sagte ich zu mir.

Ich war hysterisch geworden, da oben. Das war ja auch kein Wunder, wenn so ein Schrank wie Barnabé meine Arme umklammert und mir seinen stinkenden Atem ins Gesicht bläst. Okay, das stinkend nehme ich zurück. Auf der anderen Seite, was hätte mir schon passieren können zwischen all den Menschen? Nichts. Wenn nicht gerade in dem Moment das Tor gefallen und das Geschrei losgegangen wäre, hätte ich geschrieen, und er wäre als Frauengrapscher abgeführt worden. So weit, so gut. Wo war übrigens Señor Molina?

Unter dem Vorwand, uns für die Unannehmlichkeiten am Flughafen entschädigen zu wollen, lädt uns die – des Mordes oder des Dopings verdächtigte – Betreuergruppe des CD Tenerife zum Spiel ein. Was wollten sie? Nur nett sein? Schön wäre es. Wissen, was wir wissen, weil Hildegard wieder einmal vorlaut geplappert hat?

Die Schlange war inzwischen abgebaut, ich war dran. Auf der Toilette sitzend dachte weiter. Wenn sie meinten, wir wüssten etwas über Doping beim CD, was könnten sie dann mit uns machen? Eigentlich nichts. Sie könnten doch nicht die ganze Gruppe entführen. Wenn es nur die Sache eines einzelnen war, etwa von Barnabé, dann könnte der auch nicht viel machen, wenn wir immer zusammenblieben.

Fazit: Wir müssen zusammenbleiben. Zumindest diejenigen von uns müssen im Schutz der Gruppe bleiben, von denen jemand den Eindruck haben könnte, sie wüssten etwas. Zum Beispiel ich. Ich musste so schnell wie möglich zurück zur Gruppe.

Als ich die Spülung drücken wollte, fiel mir plötzlich auf, wie still es in der Toilette war. War ich allein? Hilfe! Ich war die letzte in der Schlange gewesen. Vorsichtig ließ ich mich auf Knie und Hände nieder und schaute aus der unteren Türöffnung. Keine Füße im Gang, keine Füße in der gesamten Toilettenreihe. Leise riegelte ich die Tür auf, drückte den Türflügel zur Seite und spähte hinaus. Wirklich niemand. Auf Zehenspitzen und an die Wand gedrückt, schob ich mich zur Vorraumtür und riss sie in einem Ruck auf.

Der Vorraum war leer. Die blanken Spiegel warfen nur mein eigenes Gesicht mit aufgerissenen Augen zurück. Ich lehnte mich gegen die kalte Kachelwand. Was jetzt? Vielleicht wartete er oder warteten sie im Gang vor der Eingangstür. Was sollte ich machen? Ich starrte die weiß lackierte Tür hinunter und sah einen vergitterten Lüftungsstreifen am unteren Teil. Wenn jemand unmittelbar vor oder neben der Tür stand, konnte ich ihn dadurch sehen, allerdings musste ich mich für diese Aktion fast auf den Boden legen.

Langsam wurde ich richtig sauer, in was für lächerliche Situationen brachte dieser Barnabé mich eigentlich? Aber es half nichts. Hoffentlich hielten die neuen Strumpfhosen diese extreme Belastung aus, sonst wären 3,90 Euro im Eimer.

Noch einmal ließ ich mich auf alle Viere nieder, drückte mein Gesicht an den Lüftungsschlitz und spähte hinaus. Nichts zu sehen. Doch, da näherten sich ein Paar Füße in Pumps. Bevor ich ganz hoch kommen konnte, traf mich harter Stoß am Kopf, ich landete auf dem Hosenboden. Die Tür wurde mit aller Macht aufgeschoben. Ein rundliches Frauengesicht schaute verwundert hinein.

Ich erhob mich schnell. »Tut mir leid, ich suche meinen Ring.«

»Oh, das passiert mir auch häufiger.«

Sie schaute suchend auf dem Boden herum, ging dann aber eilig in den Toilettenraum.

Ich trat an ein Waschbecken und wusch mir umständlich und gründlich die Hände. Vielleicht konnte ich in ihrem Windschatten heraus spähen und verschwinden. Wo blieb sie denn? Endlich erschien sie in der Verbindungstür.

»Haben Sie Ihren Ring gefunden?«

»Ja, danke.«

Ich zeigte meine Linke vor, an der ich einen schlichten Silberreif trug. Sie nickte bestätigend, wusch sich nun ihrerseits die Hände, während ich in den Spiegel schaute und an meinem Haar herum fummelte. Auf dem Weg zum Ausgang klebte ich fast an ihrem Körper, was sie mit einem irritierten Blick quittierte, dann öffnete sie die Tür.

Ich schaute kurz über ihre Schulter nach rechts ... alles frei, nach links ... da stand er in vier, fünf Metern Entfernung. Zum Glück sah er nicht in meine Richtung. Ich schlüpfte an der Frau vorbei nach rechts. Sie ging jetzt hinter mir, aber lange konnte dieser Sichtschutz nicht halten. Wenn nicht bald eine Treppe kam, über die ich nach oben verschwinden konnte, musste ich mir, zumindest bis die Luft rein war, ein neues Versteck suchen.

Vom Spielfeld hörte ich den Stadionsprecher. »Und erneut versuchen Albóndiga und Cabra, die Madrider Viererkette aufzureißen.«

Komisch, ich hörte die Stimme doppelt, hatte ich einen stressbedingten Gehörschaden bekommen? Die zweite Stimme klang etwas leiser und sagte kaum verzögert dasselbe. Sie kam aus einer halb geöffneten Tür vor mir. Präsidium stand auf dem Türschild.

Ich schlüpfte hinein und stand auf einem Flur, von dem zwei weitere Türen abgingen. Eine war verschlossen, die andere nur angelehnt. Aus ihr drang die leisere Stimme, es war eine Übertragung aus dem Stadion.

»Aussichtslos, kein Vorbeikommen für Albóndiga. Da, da versucht er einen beherzten Schuss aus der zweiten Reihe. Aber vorbei, weit vorbei. Immerhin noch eine Ecke für den CD, weil ein Real-Verteidiger seinen Fuß dazwischen hatte.«

Jetzt hörte ich eine weitere Stimme aus diesem Zimmer, und sie sprach Deutsch!

»Ist ja gut, ist ja gut. Ja, das war in Ordnung, das wäre mir an deiner Stelle auch passiert.« Das war eine männliche Stimme. Ein Schluchzer folgte.

Dann wieder die beruhigend sprechende männliche Stimme: »Nun hast du es ja bald hinter dir. In ein paar Wochen ist der ganze Alptraum vorbei, dann fährst du endlich nach Hause und kannst wieder glücklich werden.«

Es folgte ein Schniefen und dann ein Prusten, als sich jemand die Nase putzte, dann unverständliches leises Gemurmel.

»Was sagst du?« – Wieder das Gemurmel.

»Danke, wirklich, oh wirklich, ich bin so froh, dass du das sagst. Ich war fast krank vor Sorge…«.

Jetzt senkte sich auch die männliche Stimme zu einem Gemurmel ab.

Hinter mir hörte ich Stimmen auf dem Gang. Ich machte einen beherzten Schritt nach vorn und betrat das Zimmer.

Mein Erstaunen hätte nicht größer sein können. Ich schaute

in das Gesicht von Holger. Aber etwas war mit diesem Gesicht passiert. Das Verzerrte und Depressive der letzten Tage war daraus verschwunden. Er schaute zwar überrascht auf mich, aber dann wieder weich, geradezu zärtlich hinunter.

An seiner Brust lag ein kleiner, blonder Kopf, dessen Körper in einem schwarzen Kleid steckte. Der Kopf drehte sich zu mir um, er gehörte zu Corinna Neumann, die aus verweinten Augen teilnahmslos hoch schaute. Holger und Corinna Neumann? Das darf nicht wahr sein. Entgeistert starrte ich die beiden an.

»Entschuldigt bitte, ich habe mich in der Tür geirrt«, brachte ich schließlich hervor.

Neben mir eine Bewegung, ich blickte zur Seite, dort erhob sich gerade Dörte, an einem Tisch saß Sebastian. Die Sache wurde immer mysteriöser.

»Corinna ist Holgers kleine Schwester«, klärte sie die unerwartete Konstellation mit belegter Stimme auf. »Bist du schon länger hier?« Sie machte eine ausholende Handbewegung.

»Nein, ich war auf der Suche nach den Toiletten«, stammelte ich.

Sie sah mich skeptisch an. »Okay, nun weißt du es. Der unerwartete Tod seines Schwagers, fast vor seinen Augen, war auch der Hauptgrund für Holgers gesundheitliche Probleme in den letzten Tagen. Er stand quasi«, sie zögerte etwas, »quasi unter Schock. Er war ganz krank vor Sorge um seine Schwester. Das kann man doch verstehen.« Sie schaute mir voll ins Gesicht.

Ich beeilte mich, heftig mit dem Kopf zu nicken.

»Wir würden gern mit Corinna und Sebastian zurückfliegen. Sie braucht jetzt unseren Beistand.«

Ein Schluchzer erschütterte den kleinen Frauenkörper, den Holger wieder fest an sich drückte.

»Aber weil die polizeiliche Untersuchung in dieser, ähm…«, ein erneuter Schluchzer von Corinna, »…Angelegenheit noch nicht abgeschlossen ist, dürfen wir die Insel nicht verlassen. Das hat der Kommissar heute Morgen ja allen Teilnehmern gesagt. Nicht vor dem planmäßigen Abflug der Gruppe jedenfalls.«

Ich nickte zustimmend.

»Wir haben dir und der Gruppe nichts von den verwandtschaftlichen Beziehungen gesagt. Wir wären froh, wenn du das auch nicht weiter sagen würdest. Nichts braucht Holger jetzt weniger als falsches Mitleid. Können wir auf dich zählen?« Angespannt sah sie mich an. Automatisch nickte ich wieder.

»Wir werden also morgen ganz normal am Programm teilnehmen.«

Wie ein Automat nickte ich. Das war alles zu viel heute, das musste ich erst einmal verdauen.

In das Schweigen hinein, das sich im Raum ausgebreitet hatte, hörten wir Schritte, die Tür wurde aufgestoßen, Alejandro trat ein. Jetzt war es an ihm, erstaunt zu gucken, und zwar auf mich.

»Barnabé sucht dich überall.«

»Warum?«

Er zuckte mit der Schulter und wandte sich Holger und Corinna zu. »Geht es besser? Ich habe den Wagen vor den Osteingang fahren lassen, da hängen keine Fans herum. Die Pressefotografen sind ohnehin noch im Stadion.«

»Danke«, hauchte Corinna Neumann. »Ich möchte noch ein bisschen mit meiner Familie allein sein.«

»Dann gehen wir beide wohl besser.« Er schob mich aus dem Zimmer.

Musste ich jetzt auch noch vor Alejandro fliehen? Meine aufkeimende Sorge fiel in sich zusammen, als wir auf den

Gang kamen. Dort herrschte reges Treiben, Halbzeitpause.

Ohne ein Wort löste ich mich von Alejandro und ging mit schnellen Schritten den Gang zurück, dann schob ich mich ans Geländer gedrückt nach oben, damit der Strom, der mir auf der Treppe entgegen kam, mich nicht mitriss. Noch eine Treppe und ich stand wieder am Tribünentor.

Ich schaute die jetzt gelichteten Sitzreihen entlang, da saß meine Gruppe, von Barnabé keine Spur. Erleichtert ließ ich mich auf den Gangsitz plumpsen und winkte Burghard neben mich.

»Wie war das Spiel bisher? Wie steht es?«, fragte ich harmlos.

»1:1, aber Lisa, wo warst du denn? Der Kleiderschrank hat sich schon mächtig Sorgen gemacht.«

»Ich musste mal für kleine Mädchen und dann ist mir doch glatt der Ring vom Waschbeckenrand gekullert, und ich musste auf dem Boden herum kriechen, um ihn zu suchen.«

Neben mir tauchte Barnabé auf und schaute grimmig auf mich herab. Burghard wollte schon wieder zurückrücken, aber ich hielt ihn fest.

»Ich bleibe lieber auf dem Gangsitz, falls ich noch einmal muss, und den Typ will ich nicht neben mir haben. Der hat Mundgeruch«, setzte ich hinzu. Ich log inzwischen schon automatisch, so konnte das nicht weitergehen.

Nachdem wir seinen Platz nicht frei machten, verzog Barnabé sich wieder zum Tribünentor, durch das gerade Alejandro kam. Sie sprachen miteinander, wahrscheinlich über mich, denn Barnabé deutete in meine Richtung. Alejandro schüttelte nur den Kopf, dann verschwanden die beiden und tauchten in der zweiten Halbzeit nicht mehr auf.

Obwohl es viel zu denken gab, war mein Hirn wie leer gefegt.

Ich schaute auf meine Schuhspitzen. O je, auch das noch. Am Schuhrand zeigte sich eine Laufmasche. Wenn sie weiter lief, konnte ich die Strumpfhose wegwerfen. Nagellack oder Sekundenkleber wäre gut, um sie aufzuhalten. Aber wer nahm schon Nagellack oder Uhu mit ins Fußballstadion. Hildegard vielleicht?

Ich schaute auf die Hände der weiblichen Gruppenmitglieder. Hildegard bevorzugte wohl französische Maniküre: die Nägel auf Höhe der Fingerkuppen leicht gerundet und farblosen Nagellack. Regina trug die Fingernägel natürlich und kurz gefeilt. Jennys Nägel waren ja alle ziemlich runtergeknabbert. Das hatte ich bisher nicht bemerkt. Laura neben ihr hatte doch tatsächlich schwarzen Nagellack aufgetragen.

Ich machte ihr Zeichen. Weil sie die aber nicht verstand, kam sie herüber. »Brauchst du einen Tampon?«

Ich schüttelte den Kopf und zeigte auf die Laufmasche. Sie kramte in ihrem schwarzen Lederrucksack. Neben Papiertaschentüchern, einer Bürste und einem angebissenen Schokoriegel kam doch glatt ein Fläschchen mit schwarzem Nagellack heraus, mit dem ich unverzüglich ans Werk ging. Wenigstens das hatte ich heute gebacken gekriegt.

Nach dieser Aktion waren meine Energien verbraucht. Vom Spiel bekam ich außer gelegentlichem »Gol«-Geschrei nichts mit.

Das Spielende bemerkte ich erst, als Alle sich erhoben. Ein Blick auf die Anzeigetafel gab mir wenigstens Aufschluss über das Ergebnis, 3:2 für Real Madrid. Das war, wenn man den Anlass bedenkt, moralisch in Ordnung und entsprach wohl auch der Leistung. Die Zuschauer strömten jedenfalls ohne Missfallensbekundungen hinaus.

Wir sammelten uns am Bus, auch Holger und Dörte hatten sich wieder eingefunden. Holger sah viel besser aus als in den letzten Tagen. Dörte dagegen wirkte so erschöpft wie auf der Hinfahrt.

Während die meisten Teilnehmer einstiegen, blieben Georg und Barbara neben der Tür stehen und blickten unruhig in Richtung Stadion. Dann hellten sich ihre Mienen auf. Ich drehte mich um und sah Alejandro heranlaufen. Als er uns atemlos erreichte, zog Georg ein Päckchen hinter dem Rücken hervor.

»Lieber Alejandro, auch im Namen der Gruppe möchten wir dir und deinen Vereinskameraden für die freundliche Einladung zu diesem großartigen Ereignis danken.« Er übergab das Päckchen und fügte hinzu: »Das brauchst du jetzt nicht auszupacken. Es ist ein T-Shirt vom 1. FC Köln, meinem Heimatverein.« Und mit einem Blick auf den flachen Bauch von Alejandro fügte er grinsend hinzu: »Dir wird es wohl nicht passen, aber ihr habt ja auch kräftigere Gestalten in euren Reihen.«

Toll, dieser Georg, eigentlich wäre es meine Aufgabe gewesen, an ein Gastgeschenk zu denken, denn es war ja immer noch möglich, dass sie uns wirklich nur einen Gefallen tun wollten, aber bei all der Aufregung gestern und heute hatte ich es glatt vergessen.

»Das hatten wir zum Glück im Koffer«, flüsterte Barbara mir zu, als sie einstieg, »ist ganz neu, garantiert ungetragen.«

Nun reichte auch ich mit einem Dank auf den Lippen Alejandro die Hand und wollte einsteigen, doch er hielt mich zurück.

»Barnabé hat mir gebeichtet, wie er dir zugesetzt hat. Das ist nicht zu entschuldigen. Ich kann es mir nur damit erklären, dass er sehr stolz auf den CD ist und nicht einen Hauch von Verdacht auf dem Verein ertragen kann.«

Ich nahm die Erklärung ohne Kommentar zur Kenntnis.

»Was macht ihr denn morgen. Vielleicht können wir uns morgen weniger zufällig treffen als gestern im National-park.«

»Das weiß ich noch nicht, das hängt vom Wetter ab.« Da hatte ich nun schon wieder gelogen. Aber trotz aller freundlichen Worte, mein Bedarf am CD Tenerife und seinen Mannschaftsbetreuern war vorläufig gedeckt.

Der Bus fuhr durch die Abenddämmerung auf der Auto-bahn nach Süden. Im Osten war der Himmel schon dunkel, nach Westen ragte die Silhouette des Teide schwarz in den türkisfarbenen Himmel. Goldene Strahlen bekränzten ihn. Ich legte meinen Kopf gegen die Rückenlehne und genoss das Farbenspiel, gleich würde es ganz dunkel werden.

»Lisa«, Lauras Stimme klang einschmeichelnd, »du wohnst doch auf La Palma in einem Dorf.«

»Ja.«

»Hast du da auch Kontakt zu den Nachbarn?«

»Ja, natürlich.«

»Wirst du auch zu Familienfesten und anderen wichtigen Ereignissen eingeladen?«

»Ja, manchmal schon.«

»Kannst du uns nicht etwas darüber erzählen? Ich würde gern wissen, wie die Leute hier leben.« Beifälliges Gemurmel erhob sich aus den hinteren Reihen.

Große Lust hatte ich nicht. Allerdings hatte ich in meiner Rolle als Reiseleiterin den ganzen Tag noch nicht besonders geglänzt. Etwas Ablenkung von all den Aufregungen konnte auch nicht schaden. Neben der Autobahn huschte der Friedhof von Candelaria vorbei. Ein Bericht über die Totenwache und das Begräbnis von Alfonso, dem alten Mann vom anderen Ende des Dorfes, der vor einem halben Jahr verstorben war?

Nein, das passte im Moment nicht so gut. Die Buntglasfenster der Kathedrale leuchteten aus der Dunkelheit.

»Was haltet ihr von der Geschichte über die Hochzeit von Conchi, der Tochter der Besitzerin unseres Dorfladens?«

»Super, das würde ich gern hören.«

»Wie sieht es mit den anderen aus?« Ich drehte mich um. »Wollt ihr lieber schlafen?«

Müde sah allenfalls Dörte aus. Auch Holger war bestimmt nicht an einem Schwank aus meinem Leben interessiert.

»Eine Gute-Nacht-Geschichte, das wäre riesig«, ließ Georg vernehmen, und im Chor der Zustimmung hörte ich keine einzige Gegenstimme.

»Conchi ist eine der jungen Frauen, die als Tochter der Ladenbesitzerin und einem Kleinbauern aus unserem Dorf den Sprung auf die Fachhochschule in Santa Cruz, der Hauptstadt von La Palma, geschafft hat. Sie heiratete erst, nachdem sie ihr Diplom in der Tasche hatte, und da war sie schon 23 Jahre alt, also eine richtige Frau und keine naive Braut. Ich warne euch, es ist eine Geschichte in drei Akten.«

Diese Ansage wirkte nicht abschreckend, deshalb begann ich.

»Conchis Hochzeit. 1. Akt.

Wochen vor dem Ereignis flatterte eine Einladung ins Haus, die uns in silbriger Antiqua mitteilte: ›Wir erlauben uns, Sie zur Vermählung unserer Tochter Nieves Consuela mit Pablo Peréz Peréz einzuladen. Die kirchliche Zeremonie findet um 21 Uhr in der Kirche Virgen de las Nieves in Las Nieves statt. Die Hochzeitsliste, *Lista de boda*, liegt im COMERCIAL ANDRA aus. Wir freuen uns auf Ihre Teilnahme. Juana Acosta Pulido und Carlos Camacho Herrera.‹

Conchi heiratete in der Kirche der Inselpatronin, das ganze Dorf war eingeladen, und wir gehörten dazu.

Wer ein schönes Geschenk überreichen wollte, musste sich beeilen. Bei meinem nächsten Gang in die Stadt waren die Wünsche des jungen Paares schon weitgehend erfüllt. Neben ihrer Karte fand ich nur noch zwei Bratpfannen und ein Sechserset von Kompottschälchen aus Duralex im Regal.

Mit einer in blau gestreiftes Papier geschlagenen Bratpfanne, der größeren der beiden, stand ich am Vormittag des Ereignisses in einer Schlange von Trägern mit Paketen und Päckchen in ebensolchem Papier. Juana strahlte, es gab kaum noch Abstellflächen im Haus. Das junge Paar würde eine gut ausgestattete Wohnung vorfinden.

Alle Dorfbewohner trugen Festgarderobe. Helle Sommerkleider und weiße, frische oder gar neue Hemden, bei einigen konnte man noch die Kniffe aus der Packung erahnen, blitzten in der Dämmerung auf, einige Sakkos waren zu verzeichnen.

Unter den ausladenden, mit violetten Blüten besetzten Jacaranda-Bäumen auf der schönen Plaza von Las Nieves war es gedrängelt voll und dennoch ruhig, man hörte allenfalls erwartungsvolles Raunen. Selbst die Kinder waren still. Kein Toben und Kreischen, vollkommen ungewöhnlich für ein Freudenfest auf dem Kirchplatz.

Der Grund für diese Zurückhaltung war schnell entdeckt. Zu besichtigen war noch nicht das durch Abwesenheit glänzende Brautpaar, sondern waren die bisher im Dorf noch unbekannten Angehörigen des Bräutigams, ein alteingesessener Unternehmerclan aus der Hauptstadt. Auch der Bräutigam sollte ja schon eine eigene Firma haben.

Who is who? Diese Frage musste dennoch niemand stellen. Eine wirkliche familiäre Zusammenführung hatte noch nicht stattgefunden. Das Grüppchen aus der Hauptstadt hielt sich etwas abseits. Die Herren im schwarzen oder nachtblauen

Smoking, mit weiß leuchtender Hemdbrust und Schleife. Die Damen in großer Toilette, langen Kleidern in Samt und fließender Seide, an Hals und Händen schimmerten diskret in Gold gefasste Steine.

Juana in ihrem guten marineblauen Kostüm mit Perlenkette und passenden Ohrsteckern stand neben mir. Nervös knetete sie die Hände.

Reifen quietschten, Bremsen kreischten, Türen klappten. Der Bräutigam erschien am Arm einer schlanken, jungen Frau im schmalen, dunkelroten Ripskleid mit Schleppe, vorn hochgeschlossen, das blonde Haar zu einer kunstvollen Frisur getürmt. Vereinzelte Hochrufe und Klatscher drangen aus der Ecke der Smokingträger.

›Welch schöner Mann‹, seufzte meine Tante Margarete. Sie beehrte uns seit zwei Wochen mit ihrem Besuch und ließ damit unsere Kleinfamilie in diesem Kreis etwas weniger klein erscheinen.

Ich fand, er sah ziemlich verkatert aus.

›Wer ist die tolle Frau?‹, flüsterte ich zu Juana hinüber und schaute dem tiefen Rückendekolleté der eleganten dunkelroten Erscheinung hinterher.

›Seine Cousine‹, und zutiefst befriedigt setzte sie hinzu, ›die ist ja schrecklich dünn.‹

Reifen quietschten, Türen klappten. Ein mit Blumengirlanden geschmückter weißer Mercedes brachte die Braut und den Brautvater. Etwas steif angesichts seiner Aufgabe, möglicherweise beengte ihn auch das ungewohnte Jacket, schritt Carlos nach allen Seiten grüßend mit Conchi am Arm zur Kirche.

›Der arme Mann, allein für den Stoff in dem Kleid hätte er sich Jacketkronen machen lassen können‹, stellte Tante Margarete mit dem geschulten Blick der Drittzähnebesitzerin fest.

Zum Glück verstand sie keiner und interessierte sich auch sonst niemand für Carlos' Zähne. Alle hatten nur Augen für die Braut. Beifall und Jubel brausten über den Platz.

Selbstbewusst und aufrecht kam sie am Arm ihres Vaters daher. Charmant lachend grüßte sie lässig in Richtung der Abendroben und herzlich in Richtung der alten Freunde. Üppige Tüllwolken und weiträumig schwingender Taft – im Wert von mindestens drei Porzellankronen mit vorangeganger Wurzel- behandlung, wie meine Tante inzwischen überschlägig errech- net hatte – unterstrichen aufs Vorteilhafteste ihre Formen.

Conchi aus Mazo stellte an diesem Abend die Ehre des Dorfes gegenüber der Hauptstadt Santa Cruz her. Neben ihr wirkte die Eleganz der Städter fade und verblasste selbst dunkelroter Rips. Kein Mann auf dem Platz hätte sie gegen die schlanke Schleppenträgerin getauscht, trotz Blondhaar und Hauptstadt-Herkunft, denn bei Conchi saß nicht nur der Ausschnitt an der richtigen Stelle.

In Juanas Augen glitzerten Tränen.

2. Akt.

Der Anhang des Bräutigams belegte die ersten Reihen, dann folgten leere Bänke, weiter hinten und in der Nähe der Tür standen und saßen dicht gedrängt Conchis Eltern, Ge- schwister, nähere und fernere Verwandte. Bis in die Kirche hatte Conchis Ausstrahlung die eigene Familie nicht ermutigt. Die Dorfbewohner verfolgten das Geschehen mit gereckten Hälsen von draußen.

›Komm, wir setzen uns in die Mitte, dann ist der Bruch nicht ganz so deutlich‹, wisperte meine Tante, und so machten wir es.

Die Trauungszeremonie entbehrte jedes geläufigen Bei- werks. Da toste keine Orgel, schluchzte keine frisch gebackene Schwiegermutter, standen niedliche, kleine Blumenstreuerinnen weder auf der Schleppe noch mussten sie Pipi machen. Die Orgel schwieg, es gab keine Blumenstreuerinnen, und die Schwiegermütter blieben gefasst. Für Aufmerksamkeit sorgte dennoch weniger das Brautpaar.

Die Szene beherrschte ein eigens für diesem Abend von den Braulteltern verpflichteter Stab vom ›La Palma Video- und Medienteam, spezialisiert auf die Dokumentation von Hochzeiten und Jubiläen‹, so stand es jedenfalls in dem Werbeblatt, das auf den Kirchenbänken auslag.

Vermutlich war dies ihr erster Auftrag, den sie mit besonderer Sorgfalt ausführen wollten, man erhoffte sich sicher Referenzen. Angeheuerte Helfer trugen Scheinwerfer hin und her, leuchteten die geduldig wartenden Hauptakteure aus, schlugen Klappen auf und zu.

Die wichtigsten Momente wie das Ja-Wort des Brautpaars, Ringetausch und der erste Kuss der jung Vermählten mussten mehrfach ausgeführt werden. Es gab keine technischen Pannen, beileibe nicht. Beide hatten wirklich ›Ja‹ gesagt, aber zur Sicherheit, entschieden Kameramann und Regisseur, sollte man die entscheidenden Momente zweimal auf dem Band haben, einmal als Nahaufnahme und einmal in der Totale. Weil während dieser Momente nur die Kamera etwas sah, während alle anderen nur die Kamera sahen, wiederholten Conchi und Pablo lachend alles noch einmal *coram publico*.

Danach ging es ganz schnell. Die beiden fassten sich an den Händen, liefen aus der Kirche durch die sie umdrängende, Reis werfende und gute Wünsche rufende Menge, sprangen in den weißen Mercedes, scharf verfolgt von den Medienvertretern, Türen schlugen, Reifen quietschten, und weg war das junge Brautpaar.

Die Menge zerstreute sich. Ein Teil steuerte die gegenüberliegende Bar La Cabaña an, der Familienkreis aus Santa

Cruz zog sich in die Bar EL REFUGIO an der Kreuzung zurück, bald stand nur noch die verwunderte Kleinfamilie aus dem Norden mit den Brauteltern auf dem Platz.

›Ich habe Hunger, gibt es denn hier nichts zu essen?‹, meldete sich meine Tante.

Noch größer als mein Hunger war mein Erstaunen. ›Fahren sie jetzt schon in die Flitterwochen?‹, fragte ich Juana vorsichtig.

›Nein, nein, sie kommen bald zurück, wir warten hier.‹ Wir blieben in der Nähe, obwohl es langsam kühl wurde.

›Wo sind sie denn hingefahren, und was machen sie?‹, wagte ich nach einer halben Stunde einen neuen Vorstoß.

›Nach Mazo, nach Hause, da machen sie jetzt die Hochzeitsfotos.‹ Juana wunderte sich ganz offensichtlich über meine Unkenntnis.

›Hochzeitsfotos in Mazo, und die Gäste müssen warten!‹ Der Hunger brachte einen empörten Unterton in die Stimme meiner Tante.

Ich versuchte eine Erklärung: ›Vielleicht geht das lange Fernbleiben auf den alten Brauch zurück, zuerst die Ehe zu vollziehen und dann zu feiern. Küche und Keller wurden vor einigen Jahrhunderten erst geöffnet, wenn das blutige Laken auf dem Tisch lag‹, fabulierte ich, eine Theateraufführung der Nibelungensage vor Augen, die kürzlich im 2. Programm lief. ›Heutzutage macht man das selbstverständlich nicht mehr so, aber eine längere Abwesenheit der Frischgetrauten erinnert vielleicht an die alten Zeiten.‹

Tante Margarete hatte aber jetzt Hunger und wollte nicht auf Hochzeitsfotos warten oder an alte barbarische Bräuche erinnert werden, also schlossen wir uns der Gesellschaft in der gerammelt vollen Bar LA CABAÑA an.

3. Akt.

Die schwielige Faust von Conchis Onkel, dem Maurer, landete krachend auf einer von feinem Kammgarn umhüllten Schulter. Victor, der Vater des Bräutigams, erwiderte die Freundschaftsbekundungen weitaus dezenter. Seine Frau Isabel saß etwas verkrampft daneben am Tresen. Die mit Juwelen geschmückte Hand umklammerte ein Wasserglas mit Landwein, ihre Wangen zeigten einen ersten rosa Schimmer. Juana und Carlos harrten vor der Kirche aus.

Die Luft in der Bar war zum Schneiden dick, der Lärm der fröhlichen Zecher ohrenbetäubend. Immerhin gab es einige Erfolge zu feiern. Die ersten Abgesandten aus der Bar EL REFUGIO kamen um 23 Uhr, dann folgte das Gros.

Es war bald Mitternacht, als der Ruf ertönte: ›Sie kommen, sie kommen zurück!‹ Späher an der Kneipentür gaben die Nachricht weiter. Geldscheine flogen auf den Tresen, die ganze Gesellschaft quoll in die frische Nachtluft.

Die Mauerpranke klopfte weiter auf dem Kammgarnrücken herum, obwohl der bestimmt nicht staubte. Conchis Tante hatte die Mutter des Bräutigams untergehakt. Irgendwann wurden die Plätze getauscht, beim Einzug in den Gemeindesaal waren Victor und Carlos in ein intensives Gespräch vertieft, während Juana der verblüfften Isa wohl den hiesigen Brauch erklärte, das ganze Dorf zum Hochzeitsschmaus zu laden.

›Der arme Mann‹, ließ Tante Margarete sich wieder vernehmen, ›12 mal 15 mal 2 macht 360‹, sie zählte die Gedecke. ›Wenn er nur halb so viele Menschen eingeladen hätte, dann...‹

›...hätte er sich bestimmt Goldzähne machen lassen können‹, ergänzte ich. Zum Glück verstand uns keiner, und niemand interessierte sich in dieser Nacht für Goldzähne.

Wein wurde herumgereicht. Es war der selbst gekelterte von Hoya de Mazo, wie unsere Tischnachbarn zufrieden feststellten, um nach dem Trinkspruch ›*Salud, amor y dinero*‹ – Gesundheit, Liebe und Geld – die Gläser zu leeren.

›Vorsicht, der hat mindestens 14 Prozent‹, konnte ich Tantchen noch rechtzeitig zuraunen. Isabel hatte wohl niemand gewarnt, bei ihr klimperten inzwischen nicht nur die Ohrgehänge, sondern auch die Augendeckel.

Dann begann die klassische Speisefolge einer palmerischen Hochzeitsfeier: Vorweg herzhafter Oktopussalat und Thunfischkroketten, danach deftiger Kichererbseneintopf. Zum Hauptgang Berge gegrillten Fleischs mit *Papas arrugadas,* den typisch kanarischen Pellkartöffelchen, die mit Schale gegessen werden, und *Mojo,* scharfer Soße, danach wurden erneut Weinflaschen verteilt.

Für Stimmung sorgte die Tafel, an der sich die Junggesellen zusammengefunden hatten. Nach jedem Gang skandierten sie klatschend: ›*Qué se besen, qué se besen*‹ – ›Sie sollen sich küssen, küssen‹.

Conchi und Pablo erhoben sich dann und küssten sich, solange der Applaus anhielt, und das konnte ganz schön lange dauern.

Die Ehrentafel mit dem Brautpaar, den Brauteltern und Trauzeugen wurde locker von der nach allen Seiten charmant plaudernden Braut beherrscht. Der Kater ihres Liebsten schien sich unter der Wirkung des Weines aufzulösen, der Kopf seiner Mutter dagegen leuchtete inzwischen in sattem Purpurrot.

Den Abschluss des Festmahls bildeten Cidre und die Hochzeitstorte, die, um 360 Mäuler zufrieden zu stellen, mindestens eineinhalb Meter hoch war und sieben Etagen hatte.

Gegen 3 Uhr, als die beiden Familien für einen letzten

Kameraschwenk des ›La Palma Video und Medienteams‹ auf der großen Treppe kichernd zusammenrückten, stahlen wir uns davon.«

Ich drehte mich um und blickte nach hinten. Im Schimmer der Nachtbeleuchtung blickte ich auf Hildegards gewellten weißen Schopf, der auf die Brust gesunken war. Holger döste an Dörtes Schulter, von Regina und Hajo war nichts zu sehen, wahrscheinlich hatten sie sich auf die Sitze gelegt. Georg schnarchte leise. Laura lächelte mir zu und reckte den Daumen hoch. Da hatte ich die Geschichte wenigstens nicht ganz umsonst erzählt.

»Wer gehört zu deiner Kleinfamilie?«, flüsterte Burghard herüber. Die Frage überhörte ich lieber und wandte mich Ramón zu:

»Bist du morgen wieder dabei?«

»Ja, klar.«

»Hast Du denn keinen freien Tag? Du hast doch schon am Sonntag gearbeitet.«

»Heute war mein freier Tag, aber den habe ich getauscht. Ich wollte mir das Spiel doch nicht entgehen lassen.«

Niemand hielt mich auf, als ich im Hotel zum Fahrstuhl strebte und auf mein Zimmer ging. Nach einer heißen Dusche glitt ich sofort unter die Decke. Schlafen konnte ich trotzdem nicht. Immer wieder drehten sich Gedankenfetzen in meinem Kopf herum, zu Ende brachte ich keinen. Ich döste mehrmals ein und wachte wieder auf.

Ich sah Barnabés Gesicht vor mir und meinte, seinen Atem im Gesicht zu spüren und seine Hände um meine Handgelenke. Alejandro tauchte vor mir auf und kniff höhnisch grinsend ein Auge zu, dann wieder Holger, der Corinna küsste. Dörtes

Gesicht war über mir, sie redeten ununterbrochen, aber ich verstand kein einziges Wort.

Schließlich stand ich auf und spülte drei Baldrianpillen auf einmal mit dem abgestandenen Rest aus einer Limoflasche hinunter. Danach wurde ich ruhiger.

Im Einschlafen schlang ich die Arme um meinen Körper, denn der schöne Morpheus war heute nicht gekommen.

Gründonnerstag

»Von wegen ›Inseln des ewigen Frühlings‹. Ich würde das da draußen eher als dicken Herbstnebel bezeichnen«, maulte jemand hinter mir.

»Vom warmen Bus aus gesehen ist es ja interessant. Aber müssen wir hier wirklich aussteigen und wandern?« Burghard hatte so seine Zweifel, ob ein Wandertag im Anaga-Gebirge ein Highlight der Reise werden würde.

»Ach, stellt euch nicht so an. Im vergangenen Jahr war ich auf einer zweiwöchigen, total verregneten Trekkingtour auf Island, da sind die Klamotten nicht mehr trocken geworden.« Der Aufmunterungsversuch von Gabriele hatte nicht den beabsichtigten Erfolg, eher das Gegenteil.

»Weil wir genau das nicht wollten, haben wir ja die Kanaren gebucht«, meldete sich der sonst immer so ausgeglichene Georg.

Selbst Martin sprang Gabriele nicht bei: »Als Reiseleiterin«, wandte er sich an mich, »solltest du doch eigentlich wissen, wie wo das Wetter aussieht und auch genügend Erfahrungen und Reservetouren in petto haben, um mit uns bei so einer Suppe«, er deutete aus dem Busfenster, »einen anderen Weg zu machen.«

Da hatte alle Vorbereitung auf diese Route nichts genützt. Ich hatte ihnen schon beim Programmgespräch am Montagvormittag von den verschiedenen Klimazonen und den Temperaturunterschieden auf dieser bergigen Insel berichtet. Bisher waren wir immer in der Sonne gewandert, da fielen selbst in Höhen von 1000 Metern und mehr die im Schatten gemessenen niedrigen Temperaturen kaum auf.

Aber jetzt waren wir das erste Mal im Nordosten von Teneriffa. Hier erreicht die Passatwolke die Insel als erstes und bedeckte wie so häufig auch an diesem Tag die Höhenzüge des Anaga-Gebirges, und genau in der Passatwolke fuhren wir jetzt.

Noch beim Frühstück hatte ich die ganze Gruppe darauf hingewiesen, dass wir durch Nebelurwälder wandern würden, in denen die hohe Luftfeuchtigkeit eine besondere Vegetation möglich macht. Wir würden durch Baumheide (*brezo*), die bis zu 14 Meter hoch werden kann, und durch die letzten Reste des Lorbeerwaldes wandern.

Die meisten hatten das interessant gefunden, von Lorbeerblättern und Heidekraut geredet und mit Regencapes und Anoraks ausgerüstet sich munter schwatzend am Bus eingefunden. Hildegard hatte sogar Fäustlinge dabei. Als dann der Bus hinter La Laguna in den Mercedeswald hinauf kurvte, bestaunten sie noch die Baumriesen und die Erikablüten in schwindelnder Höhe, an denen die Wolkenfetzen vorbeizogen. Aber seit wir auf der *Cumbre*, dem Höhenrücken des Gebirges, durch dichten Nebel fuhren, verstummten so nach und nach die Gespräche.

Auch ich fühlte mich mit der Wahl dieser Wanderung nicht mehr ganz sicher. Hoffentlich verlor ich in der ersten Stunde niemanden in dieser Waschküche, danach wäre ohnehin alles geritzt.

»So, wir erreichen in wenigen Minuten den Ausgangspunkt unserer Wanderung, Cruz del Carmen. Eine Kreuzung von *Caminos reales*, den alten Verbindungswegen zwischen den Dörfern und der Nord- und Südküste auf diesem schmalen Inselstreifen. Wir starten auf knapp 1000 Höhenmetern auf dem Gebirgsrücken und gehen hinunter zur Nordküste bis nach Punta del Hidalgo. Wir gehen immer bergab, und wie ich euch schon erklärt habe, wird es unterwegs immer wärmer werden, im Durchschnitt um ein Grad auf 100 Höhenmetern. Spätestens nach der Hälfte des Weges werdet ihr deshalb schon die Jacken von euch werfen. Die Wärme löst auch den Nebel auf, und wir werden eine fantastische Sicht in die Schluchten und auf die Steilküsten genießen können.«

»Dein Wort in Gottes Ohr«, hörte ich jemanden hinter mir murmeln.

Der Bus hielt, und erstmals stürzten nicht alle gleichzeitig zu den Ausgängen. Die Mehrheit erhob sich eher zögernd von ihren Plätzen.

»So kalt, wie es aussieht, ist es nicht«, rief Laura, die als Erste unten stand. Jenny hüpfte hinterher, hielt die ausgestreckten Arme vor sich, tat, als ob sie blind herum tastete. »Sag mal Laura, sind wir richtig hier? Hatten wir Schottisches Hochland gebucht?« Beide brüllten vor Lachen.

Kopfschüttelnd folgten die anderen.

Zehn, elf, zählte ich im Kopf mit, das würde ich heute, bei dieser schlechten Sicht, noch mehrfach machen müssen.

»Ich zähle nur elf, wo ist Gabriele?«

»Ich bin hier«

»Wer fehlt?«

»Ich. Schaut euch das doch mal an.« Das war Barbaras Stimme, sie kam von rechts. Ein Windstoß riss die Nebelschwaden auseinander, und wir sahen sie unter einem mächtigen Lorbeerbaum knien.

»Schaut Euch einmal diese Farne an, die sind doch gigantisch.«

»Das sind Kettenfarne. Die Wedel werden bis zu zwei Meter lang. Unterwegs werden wir sehen, wie sie mehr als zehn Meter hohe Steilhänge überwinden, weil die Wedelspitzen wurzeln können, wenn sie ein Krümelchen Erde berühren,

173

und einen neuen Farn bilden, dessen Wedel dann zwei Meter tiefer wieder wurzeln können.«

»Und was ist das für eine hübsche Pflanze?« Gabriele hatte sich neben Barbara gekniet. Ein Sonnenstrahl fiel auf leuchtend orangefarbene, zu hochstehenden Trauben angeordnete Blüten.

»Das ist kanarischer Fingerhut. Eine der besonderen, einheimischen Pflanzen. Man nennt sie endemisch, weil sie nur in den Lorbeerwäldern von Teneriffa, La Gomera und La Palma vorkommt.«

»Ich habe das Gefühl, das wird eine hoch interessante Wanderung heute«, bemerkte Barbara zufrieden und hakte sich bei Georg ein. Der guckte nicht mehr ganz so skeptisch, seit er festgestellt hatte, dass im Nebelwald keine arktischen Temperaturen herrschten.

»Bei der schlechten Sicht hier oben möchte ich euch bitten, zusammen zu bleiben und unterwegs nicht im Unterholz nach seltenen Pflanzen zu forschen. In einer knappen Stunde kommen wir auf eine Lichtung. Dort wird der Nebel nicht mehr ganz so dicht sein, und wir werden eine Reihe von endemischen Pflanzen genauer anschauen können.«

»Hauptsache, es geht jetzt los«, brummte Holger, der wieder ganz gesund aussah. Dörte, heute so blass wie gestern, legte beschwichtigend ihre Hand auf seinen Arm.

»Ich schlage vor, dass Martin und Gabriele vorn gehen, alle anderen schließen sich an. Ich bilde das Schlusslicht. Wir bleiben eine knappe halbe Stunde immer auf diesem Hauptweg.« Ich deutete den nach unten abzweigenden Waldweg hinunter.

»Nach circa zehn Minuten trifft ein Pfad von links auf unseren Weg, wir gehen geradeaus. Nach gut 15 weiteren Minuten trifft in einer Rechtskurve ein Weg von links auf den

Hauptweg, wir gehen mit der Kurve nach unten, kurz danach kommt von rechts auf gleicher Höhe ein Nebenweg, wir gehen weiter nach unten. Dann kreuzt unser Waldweg einen breiten Forstweg, dort sammeln wir uns wieder. Bitte geht so, dass ihr den Blickkontakt zu eurem Vordermann nicht verliert. Die Ersten müssen sich also mit ihrer Geschwindigkeit zurückhalten und sich auf die Gruppe einstellen.«

Martin und Gabriele nickten. »Wenn euch irgendetwas komisch vorkommt, oder nicht so, wie ich es eben geschildert habe, wartet ihr bitte auf mich.« Allgemeines Nicken.

»Na, dann mal los.«

Ernst, sich ihrer Verantwortung bewusst, betraten Martin und Gabriele den Waldweg. Laura und Jenny schlossen sich an, gefolgt von Regina, Hajo und Burghard. Dörte, Holger, Georg und Barbara bildeten den mittleren Teil der Gruppe, Hildegard und ich den Schluss.

»Ich bleibe bei dir«, hatte sie mir zugeraunt, »da fühle ich mich sicherer.«

Ich musste lächeln, denn seit ich die Gruppe im Gänsemarsch auf den gut erkennbaren Waldweg hatte einschwenken sehen, fühlte auch ich mich wieder sicher.

Hier konnte wirklich niemand verloren gehen. Vor Hildegard sah ich Barbaras blauen Anorak, Holgers neongrüner Rucksack strahlte weiter vorn wie eine Nebelschlussleuchte aus dem Dunst. Der Weg führte in engen Kurven durch den Wald bergab. Jedes Mal, wenn ein Windstoß die Schwaden auseinander riss, konnte ich unter uns die Spitze der Gruppe wandern sehen und Jennys und Lauras Stimmen hören. Der Weg wurde breiter, Barbara ließ sich zu Hildegard und mir zurückfallen.

»Bin ich froh, dass du nichts auf das Gemecker der Männer gegeben hast. Das ist doch sagenhaft hier. Vorgestern sind wir in einer Hochwüste gewandert und heute dieser Märchenwald. Wo gibt es denn noch so etwas?«

»Was meinst du, wie gut diese Luftfeuchtigkeit für den Teint ist«, äußerte sich Hildegard zu einem anderen vorteilhaften Aspekt dieses Weges. »Ich fühle förmlich, wie sich meine Gesichtshaut mit Feuchtigkeit voll saugt und die Falten sich auffüllen.« Dass ihr sonst fein onduliertes Haar jetzt in feuchten Strähnen herabhing, hatte sie nicht bemerkt.

Wir stiegen in eine Schlucht hinab, in der sich die Nebelschwaden undurchdringlich wie Watte stauten und alle Geräusche dämpften.

»Lisa, ich muss mal ganz dringend austreten und hier kann mich doch keiner sehen. Bitte, es ist wirklich nötig, du musst aber bei mir bleiben.« Der flehentliche Unterton in Hildegards Stimme ließ mich einen Schritt stocken.

»Erledigt nur, was nötig ist, ich gehe mit den anderen weiter«, bot Barbara an. Ihr blauer Anorak löste sich im Weiß auf.

Hildegard trat nur wenige Schritte beiseite und war schon vom Nebel verschluckt.

»Ruf mich bitte, wenn du fertig bist«, sagte ich hinter ihr her in die weiße Leere. Von den Blättern eines *Tilo*, der häufigsten Lorbeerbaumart in diesem Teil des Waldes, tropfte es mir auf den Kopf.

Ich ging ein paar Schritte weiter und hob einen frisch zernagten Ast eines *Viñátigo*, einer anderen Lorbeerbaumart, auf. Er war von Waldratten angefressen worden, die sich an seinem berauschenden Saft gütlich getan hatten. Die torkelnden Ratten hatten wir wohl mit unserem Getrampel vertrieben. Auch ohne sie war es schaurig schön im Lorbeerwald. Eine Atmosphäre wie in einem englischen Gruselkrimi. Ich steckte das Holz als Demonstrationsstück in die Anoraktasche.

Wo blieb denn Hildegard bloß? Na ja, sich mit über siebzig Jahren im dichten Wald aus den Wanderhosen zu schälen und hinzuhocken, war sicher nicht ganz einfach. Alle Achtung vor Hildegard, sie war zwar manchmal etwas nervig, weil sie immer das Falsche und dann auch noch zum falschen Zeitpunkt sagte, aber für ihr Alter war sie gut in Form.

Ich rieb die Hände aneinander und ging noch ein paar Schritte weiter den Weg hinunter.

»Bist du nicht bald fertig, wenn man steht, wird einem schnell kalt«, hörte ich eine Stimme in der weißen Watte vor mir. Wer hatte da ausgesprochen, was ich gedacht hatte?

Als Antwort kam ein unverständliches Brummen. Das war wohl die allgemeine Pinkelpausenecke hier.

Der Nebel hob sich etwas, und ich sah Holgers Rucksack am Wegesrand vor mir stehen. Er und Dörte, zu der die Stimme gehören musste, waren aber im dichten Weiß nicht zu sehen.

Ich wollte gerade wieder zurück in Hildegards Richtung gehen, als ich zusammenzuckte, Dörtes Stimme tönte kaum drei oder vier Schritte neben mir:

»Du musst auch mal an dich denken und nicht immer nur an Corinna. Die hat dich mit ihrem hilflosen Getue bisher nur in Schwierigkeiten gebracht.«

»Lass Corinna aus dem Spiel. Ich habe immer schon auf sie aufgepasst und sie beschützt, wenn es nötig war, und das werde ich auch weiter tun. Das weißt du ganz genau.«

»Aber sie ist eine erwachsene Frau mit Kindern, sie muss doch irgendwann ihr Leben alleine in den Griff kriegen.«

»Solange ich da bin, muss sie das überhaupt nicht.«

Oh je, da wurde ich unfreiwillig Mithörerin einer privaten Auseinandersetzung. Das gefiel mir überhaupt nicht, und den beiden würde es noch viel weniger gefallen, wenn sie mich bemerkten. Ich drehte mich auf Zehenspitzen um und bewegte mich, so leise ich konnte, zurück.

»Lisa!«

»Lisa, wo bist du?«

Dörte, jetzt hinter mir, schnappte hörbar nach Luft. Die Stimmen verstummten. Ich wollte möglichst viel Abstand zwischen mich und die beiden bringen, bevor sie mich bemerkten, doch nach wenigen Schritten prallte ich auf Hildegard.

»Huch, da bist du ja, ich fühlte mich plötzlich so allein gelassen. In dem Nebel kann man ja kaum die Hand vor Augen sehen. Was ist los? Warum trödelst du so herum? Die Stiefel hättest du dir doch vorhin schnüren könnten, bevor ich fertig geworden bin.« Mit Gestik und Mimik versuchte ich ihren Redeschwall zu stoppen. Vergeblich.

»Was soll das heißen? Warum fuchtelst du so herum? Warum gehen wir nicht, wir müssen doch die Gruppe wieder einholen.«

Dörte und Holger waren wohl ziemlich schnell verschwunden. Wir trafen sie und den Rest der Gruppe erst am Forstweg wieder.

Ich mied ihren Blick. Vielleicht hatten sie im Nebel da oben ja nicht bemerkt, wie nahe ich ihnen gewesen war, und wussten nicht, dass ich ihr Gespräch mitgehört hatte.

Ihren Blick zu meiden war einfach, denn ich musste mich ohnehin konzentrieren, um den weiteren, nun sehr steilen und etwas glitschigen Abstieg auf die Lichtung für alle so zu organisieren, dass niemand auf dem Hosenboden herunterrutschte. Den Nebel ließen wir bei dieser Etappe über uns, und so lag die Lichtung im Sonnenlicht.

Barbara erreichte sie als Erste und stand schon unter einem Strauch voller knallgelber Blüten, als ich herankam. »Gänsedistel, auch Löwenzahn genannt oder auch schlicht und einfach Hundeblume. Nur die hier sind eindeutig mehrjährig«, rief sie fröhlich.

»Man fühlt sich hier wirklich wie Däumling«, gab Gabriele genauso gutgelaunt zurück und schaute hoch zu einem Margaritenbusch. Margaritenbaum wäre wohl passender gesagt.

Weiter gingen wir einen herrlichen Streckenabschnitt am Rand des Barranco del Río mit fantastischen Blicken in die Schlucht und hinüber zum Bergdorf Batan, das, von mehr als hundert kleinen Terrassenfeldern eingerahmt, sich an die steile Bergwand schmiegte. Gegen Mittag erreichten wir das Höhlendorf Chinamada. Alle Skepsis gegenüber dieser Tour hatte sich unterwegs aufgelöst wie der Nebel in der Sonne.

Chinamada ist das letzte bewohnte Höhlendorf Teneriffas. Leider hatte die Kirche einen knallgelben, völlig unpassenden konventionellen Steinbau auf den früheren Dorfplatz gesetzt. »Und wo sind die Höhlen?«, war deshalb als Frage auf die Gesichter geschrieben, als wir den Wanderpfad verließen und auf die Dorfstraße traten.

Die Wohnhöhlen ließen sich erst auf den zweiten Blick erkennen. Ihre Fronten waren wie gewöhnliche Häuser in anderen Dörfern, sauber gemauert und verputzt, weiß gestrichen, mit farbig lackierten Fenstern und Türen versehen und von Blumentöpfen umrahmt. Nur dahinter stand kein Gebäude, dahinter begann der Berg.

Dass so eine Höhlenwohnung auch von innen gemütlich und genauso komfortabel wie eine normale Wohnung ist, stellten wir später im Restaurant fest. Die Räume waren in geraden Wänden aus dem weichen Stein geschnitten. Es gab Strom, das Wasser tropfte nicht etwa von der Decke, sondern kam wie anderswo aus dem Wasserhahn. Die Luft drinnen war nicht kalt oder klamm, sondern trocken und angenehm warm, denn der Berg bildet eine optimale Isolierung. Sie hält an kalten Tagen die Wohnungen warm und an heißen Tagen angenehm kühl.

»Jetzt stelle ich mir auch das Leben der Guanchen viel gemütlicher vor«, meinte Laura beim Essen. »Bei Steinzeit dachte ich bisher immer an kalte, zugige Felsgrotten.«

Wir saßen bei einem typisch kanarischen Mahl: in würziger Soße geschmortes Zicklein und *Papas arrugadas*, kleine, mit viel Meersalz gekochte Kartoffeln, an deren Schale sich eine leichte Salzkruste absetzte. Sie werden mit Salzkruste und Schale verzehrt. Selbstverständlich war zur *Potaje de berros*, zur Brunnenkressesuppe, *Gofio* auf den Tisch gestellt worden. Damit übervolle Bäuche die weitere Wanderung nicht behinderten, bestellte ich als Nachtisch *Café cortado*, einen kleinen Kaffee mit gesüßter Kondensmilch.

»Lisa, du kannst uns wirklich mit jeder Wanderung überraschen, angenehm, meine ich«, versuchte Burghard, sich bei mir einzuschmeicheln. »Was steht denn für morgen auf dem Programm?«

»Morgen habt ihr einen gemütlichen Tag verdient, denn unsere Wanderung heute wird im zweiten Teil, den wir noch vor uns haben, schwieriger. Bisher haben wir auf rund 6,5 Kilometer und weichem Waldboden 300 Höhenmeter zurückgelegt. Auf uns wartet noch einmal die gleiche Länge der Strecke, aber jetzt geht es um einen Abstieg auf Felssteigen von über 600 Höhenmetern. Das wird ganz schön in die Knie gehen. Übrigens, bindet eure Stiefel neu, bevor wir starten. Sie sollten jetzt fest am Knöchel anliegen, damit der Fuß beim Abstieg nicht nach vorn rutscht. Die Zehen könnten sonst gegen die Kappe stoßen und bei jedem Schritt gestaucht werden.«

»Ja gut, und morgen, wie sieht nun der gemütliche Teil des Programms aus?«

»Morgen Vormittag machen wir frei, morgen Nachmittag folgt dann ein Rundgang in der historisch wichtigsten Stadt Teneriffas, in La Laguna. Und am Abend, eher in der Nacht, werden wir uns dort die Karfreitagsprozession anschauen.«

»Was ist daran besonderes?«

»Lasst euch überraschen, die ist spannender als jede Kirche oder Kathedrale.«

Schon der Weg gleich unterhalb von Chinamada hatte es in sich. Erst ging es noch gemütlich an Gemüse- und Kartoffeläckern vorbei und dann nur noch steil bergab. Weil dieser Felspfad anders gar nicht zu bewältigen wäre, waren Stufen in den Stein geschlagen worden. Hier zeigte sich deutlich die unterschiedliche Trittsicherheit in der Gruppe.

Gabriele und Martin sprangen munter die Stufen bergab, Holger versuchte, ihnen mit gutem Erfolg zu folgen, auch Jenny und Laura hielten mit. Regina und Hajo ließen sich mehr Zeit und hielten damit die Verbindung zu denen, die etwas mühsamer die unpraktisch hohen Stufen hinunter stiegen. Ich blieb wie so häufig am Ende der Gruppe, um die Langsameren aufzumuntern. Ganz am Ende ging nicht etwa Hildegard, die kam mit ihren Teleskopstöcken auf den Stufen ganz gut zurecht, sondern Dörte. Die Augen auf den Weg geheftet, setzte sie vorsichtig Schritt für Schritt.

»Deine Stiefel sind nicht richtig geschnürt«, machte ich sie auf die lockeren Bänder aufmerksam. »Setz dich hin und schnür sie fester, wie ich es vorhin erklärt habe, dann kannst du besser gehen.« Sie schaute mich mit verständnislosem Blick an.

»Das habe ich gar nicht mitbekommen. Ich lass sie so, das geht schon, ich will nicht alle aufhalten.« Sie schaute nach vorn. »Wo ist denn Holger?«

»Um den brauchst du dir keine Sorgen zu machen, der läuft mit Martin und Gabriele an der Spitze. Denk lieber an deine Füße. Nun setz dich schon. Wenn du nicht mehr laufen kannst, weil deine Zehen zu sehr schmerzen, müssen alle auf dich warten, aber so doch nicht.«

Erst jetzt setzte sie sich. Ich demonstrierte ihr noch einmal die Schnürung, prüfte, ob sie alles richtig gemacht hatte, dann gingen wir weiter.

Die ersten Teilnehmer hatten ein Plateau erreicht, das über die Schlucht ragte, und warteten auf uns. Kaum trafen die letzten ein, setzten sich Martin, Gabriele und Holger wieder in Bewegung.

»He, lasst uns auch verschnaufen und den Blick genießen«, empörte sich Hildegard.

»Ach, lass sie nur vorgehen, sie warten ohnehin am Roque Dos Hermanos auf uns.« Ich zeigte nach vorn zu einem Berg mit Doppelspitze, direkt an der Steilküste. Dörte hatte sich neben mich gesetzt und ihre Stiefel erneut aufgeschnürt.

»Hast du immer noch Probleme?«

»Ich glaube, ich habe mir Blasen gelaufen«, sagte sie mit kläglicher Stimme und zog die Socken von den Füßen. An beiden Ballen war die Haut rot und abgescheuert. Ich holte meinen Verbandskasten aus dem Rucksack und reichte ihr eine Tube.

»Reib den Hirschtalg darauf, das hilft am besten. Und dann schnippele ich dir Superpolster, die nehmen den Druck weg.« Aus einem Sortiment von Hühneraugenpflastern wählte ich zwei Teile aus, schnitt sie passend zurecht und drückte sie so auf ihre Füße, dass sie die wunden Stellen einrahmten. Dörte schniefte.

»Du bist so nett.«

»Was heißt hier nett, das ist doch selbstverständlich.«

Sie sagte nichts, ließ den Kopf hängen. Tränen tropften auf ihren Anorak.

Ich setzte mich neben sie und nahm sie in den Arm.

»Dörte, es geht dir schlecht. Nach all den Aufregungen kann ich das gut verstehen.« Die Tränen flossen jetzt reichlicher, ihre Schultern zuckten, ihr Kopf sank an meine Schulter.

Ich machte eine Kopfbewegung zu den anderen, die erstaunt auf uns guckten. Sie wurde verstanden, sogar von Hildegard. Sie ließen uns allein. Mit einem Taschentuch wischte ich erst die Tränenspuren von ihrem Anorak, dann von ihrem Hals, Kinn und Wangen.

Ein erneuter Tränensturm war die Folge. Nachdem sie sich etwas beruhigt hatte, reichte ich ihr ein frisches Tuch.

»Es ist ja nicht nur die Aufregung um den Tod von Stefan. Es ist auch sonst nicht anders. Ich kann mich nie entspannen!«, brach es aus ihr heraus. »Immer muss ich voraus denken. Kalkulieren, was passieren könnte, ob es etwas geben könnte, was Holger aus dem Gleichgewicht bringt. Und wenn es so aussieht, als ob es da etwas gäbe, dann muss ich es aus dem Weg räumen, bevor er es bemerkt oder ihn so darauf vorbereiten, dass er es einigermaßen gelassen nimmt.«

Sie wischte sich die letzten Tränen fort und schniefte ins Taschentuch. »Aber das gelingt mir nicht immer!«, schrie sie jetzt ihre Verzweiflung heraus. Ich sah, wie sich weiter unten auf dem Weg die letzten Wanderer erschrocken umdrehten. Mit einer Handbewegung forderte ich sie zum Weitergehen auf.

»Ich dachte, hier auf den Kanaren sind wir weit ab von allen täglichen Belastungen, da hätte ich auch etwas Ruhe, aber wer konnte denn so etwas ahnen.« Die letzten Worte waren wie aus ihr herausgebrochen.

Sie schüttelte den Kopf, wie um die Gedanken abzuschütteln. »Wären wir bloß nach Sylt oder Amrum gefahren«, schloss sie ermattet. Die Tränen rollten nun wieder.

Ich drückte sie an mich.

»Weißt du Dörte, ich habe vorhin, oben im Nebel, ganz unfreiwillig euer Gespräch mit angehört.«

Sie versteifte sich in meinen Armen. Dennoch fuhr ich fort.

»Was du zu Holger über sein Verhältnis zu Corinna gesagt hast, trifft, so scheint es mir jedenfalls, auf dein Verhältnis zu Holger zu. Du musst auch an dich denken. Du bist ständig im Stress, weil du dich um Holger sorgst. Sorge erst einmal für dich. Entspann dich, schau nicht immer nach Holger, sondern mach, was dir Spaß bringt. Unterhalte dich doch beim Wandern mit anderen Teilnehmern aus der Gruppe, das entspannt. Wenn es dir gut geht, kannst du auch anderen helfen, auch Holger, wenn es denn nötig ist.«

Sie schnaubte kräftig ins Taschentuch, schnürte die Stiefel vorschriftsmäßig und sah mir aus verweinten Augen fragend ins Gesicht. Bevor ich noch etwas sagen oder machen konnte, erhob sie sich schnell. Wir machten uns auf den Weg.

Waren ihr der Ausbruch und die Tränen peinlich? Hatte ich etwas Falsches gesagt?

Ich hatte nicht als Reiseleiterin mit ihr gesprochen, sondern eher wie eine Freundin. Obwohl, meine Freundin war Dörte nicht, und ich war nicht ihre. Hatte ich mich in etwas eingemischt, was mich nichts anging? Aber ich konnte wirklich nicht mehr untätig mit ansehen, wie sie sich schon seit Tagen quälte, während ihr Holger heute ungerührt und ohne nach ihr zu schauen vorweg marschierte.

Nach grandioser Aussicht auf die Steilküste des Nordens und einem weiteren, nun etwas weniger steilen Abstieg erreichten wir Punta del Hidalgo. An der ersten asphaltierten Straße stand der schon ersehnte Ramón und machte eine einladende Handbewegung in den Bus.

Den Abend verbrachten wir alle zusammen in einer großen Runde auf der Hotelterrasse.

Georg unterhielt uns prächtig mit mehr als einem Schwank aus seinem Leben. Er übertrieb wohl schamlos, denn Barbara versuchte uns parallel die korrekte Fassung der geschilderten Begebenheiten zu vermitteln, was aber nur zu weiterem Gelächter reizte. Burghard, Regina und Hajo hatten offensichtlich ihre Recherchen und Analysen eingestellt und amüsierten sich wie alle über Georg.

Dörte war still, seit der Pause oben auf der Hochebene wich sie mir aus. Holger schaute mehrfach grimmig zu mir herüber. Wahrscheinlich hatte Dörte ihm von unserem Gespräch oben im Anaga-Gebirge erzählt. Der war wohl sauer, dass ich seiner Frau Mut zu mehr Eigenständigkeit machen wollte. Meinetwegen.

Wir blieben, bis an den anderen Tischen die Stühle hochgestellt wurden und der Kellner freundlich aber unmissverständlich lächelnd unsere leeren Flaschen abräumte.

Zum ersten Mal während dieser Reise ging ich rundum zufrieden und nicht total erschöpft ins Bett. Dieser Tag war, von Dörtes schlechter Verfassung einmal abgesehen, so, wie ein Wandertag sein sollte. Unterwegs waren keine Mordverdächtigen aufgetaucht, Burghard und Regina hatten mit ihren Theorien keine Fragen und Sorgen bei mir ausgelöst. Den Abend hatten wir gemeinsam in fröhlicher Runde verbracht.

Endlich einmal konnte ich mich in aller Ruhe mit Morpheus beschäftigen, der auf mich gewartet hatte.

Neugierig auf Teneriffa geworden?

Mehr zu Land und Leuten und viele praktische Tipps finden Sie in den Reisebüchern aus dem Michael-Müller-Verlag.

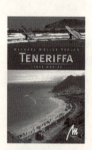

Irene Börjes
Teneriffa

256 Seiten, durchgehend farbig
Mit herausnehmbarer Inselkarte im Maßstab 1:100.000
6. Auflage 2011
ISBN 978-3-89953-645-4

Weitere Infos unter:
www.michael-mueller-verlag.de

Karfreitag

»...der Baustil der Santa Iglesia, der Kathedrale, unterscheidet sich von den anderen großen Kirchen und den Klöstern in La Laguna.«

»Na ja, das ist Klassizismus mit ein paar barocken Einsprengseln und leider nicht der schöne, massive Mudejar-Stil, wie wir ihn eben bei der Iglesia de la Concepción gesehen haben«, bemerkte Gabriele.

»Richtig, die Kathedrale wurde mehrfach umgebaut und erweitert, jeweils im aktuellen Baustil. Die Frontfassade stammt aus dem frühen 19. Jahrhundert. Der Bau dahinter ist noch jünger. Alle Vorläuferinnen im Mudejar-Stil, die hier ab 1515 standen, wurden im Laufe der Zeit als unmodern abgetragen. Zum Glück haben sie nicht auch jedes Mal die Bilder, Skulpturen und Altäre ausgetauscht. Da wir heute Karfreitag haben, strahlen sie leider nicht im Glanz Hunderter Kerzen, einige werden sogar verhüllt sein.«

Ich strebte dem Haupteingang zu und hörte Martin hinter mir meckern:

»Warum machen wir denn gerade heute den Stadtrundgang in La Laguna, wenn die Kathedrale nicht so schön ist wie sonst und die Kunstwerke verhüllt sind?«

»Weil wir so nachher die Karfreitagsprozession anschauen können. Die Kombination ist viel interessanter als nur Kirchen zu besichtigen. Das hat Lisa doch erklärt.« Gabriele schob ihre Brille auf die Nasenspitze und ihre sonst so sanften Augen blitzten den neuen Lover ärgerlich an.

Durch eine schmale, in einen Torflügel eingelassene Tür betrat ich die Kathedrale und ließ dann die Teilnehmer einzeln an mir vorbei in das dämmerige Kirchenschiff eintreten. Wir waren immer noch vollzählig, zwölf, mit mir dreizehn.

Welch ein Unterschied zu meinen früheren Besuchen! Keine Orgelmusik, keine Blumen und auch keine Kerzen, die Glanz auf das Gold der Bilder und Statuen zauberten und den massiven silbernen Altar zum Leuchten brachten. Durch die Fenster der Westfassade und der Kuppel fielen zwar Sonnenstrahlen und tupften bunte Flecken auf Fliesenboden und Bänke, aber die Sonne stand schon tief und hatte nicht mehr die Kraft, den hohen Raum zu erhellen. Es war kühl. Ein schwacher Duft von Weihrauch hing in der Luft. Vorn, am Hauptaltar und aus den Seitenkapellen flackerten die ewigen Lichter als rote Punkte aus der Dunkelheit.

Die Gruppenmitglieder reihten sich schweigend zwischen mir und einer Säule auf. Laura und Jenny hielten sich sogar an den Händen gefasst. Die düstere Atmosphäre des Gotteshauses, das auf die Totenfeier für Jesus Christus vorbereitet worden war, bedrückte nicht nur sie.

»Wir machen gleich einen Rundgang. Ich möchte nur noch etwas warten, bis sich unsere Augen an das Dunkel gewöhnt haben.«

»Was machen die denn da?« Sogar Hildegard hatte ihre Stimme gedämpft, sie zeigte auf Gestalten, die im linken Seitenschiff rumorten.

»Die nehmen die wichtigsten Skulpturen herunter, sie werden nachher in der Prozession getragen.«

»Das wird bestimmt total spannend, so etwas habe ich schon mal im Fernsehen gesehen«, raunte Jenny Laura zu.

»Ich finde, das hier ist der Obergrusel.« Laura deutete unbestimmt in Richtung Hauptaltar, dessen schwarz verhüllte Konturen langsam aus dem Dämmerlicht traten.

»Gut, ich glaube, jetzt sehen wir genug. Wenn wir noch länger warten, steht nachher keines der barocken Kunstwerke mehr an seinem Platz.« Ich ging voran ins linke Seitenschiff und hielt vor der ersten Seitenkapelle.

»Hier eine Skulptur, die ein Geschehen des Gründonnertags darstellt, den gegeißelten Jesus. Diese Arbeit aus Carrara Marmor aus dem frühen 18. Jahrhundert stammt aus Genua.« Stumm schaute die ganze Gruppe auf den in Stein gehauenen blutenden Körper und das leidende Gesicht von Jesus mit der Dornenkrone.

»Tut mir leid, ich finde das Ding brutal und kitschig zugleich«, raunte Georg im Hintergrund.

»Barock ist häufig düster und gefühlvoll«, flüsterte Barbara zurück.

Wir gingen zum nächsten Seitenaltar, an dem sich gerade die Männergruppe zu schaffen machte. Sie hatten eine golden schimmernde Altarfigur von ihrem Platz gehoben und rückten sie auf einer hölzernen Plattform zurecht.

»Die *Virgen de los Remedios*, auf Deutsch könnte man sie die schmerzensreiche Jungfrau oder auch Mariahilf nennen, gehört zu den ältesten Kunstwerken der Kathedrale, genau wie der heute verhüllte Gekreuzigte«. Ich deutete zum Hauptaltar hinüber, über dem das Zeichen der Christenheit, von einem schwarzen Tuch verdeckt, schwebte. »Beide stammen aus dem 16. Jahrhundert, also aus der Zeit, in der die Eroberer der Inseln die ersten Reichtümer angesammelt hatten und sich solche Kunstwerke für ihre Kirchen leisten konnten.«

»Warum stehen die Madonnenfiguren so häufig auf einer Mondsichel?«, wollte Barbara wissen.

»Möglicherweise als Ergänzung zu den Sternen, die sie umgeben. Maria als Herrscherin über Sonne, Mond und Sterne«, mutmaßte Gabriele.

»Wenn ihr die Mondsichel um 90 Grad dreht, wird der Halbmond, das Zeichen des Islam, daraus. Die Mondsichel unter ihren Füßen soll den Sieg der Christenheit über den Islam symbolisieren«, erläuterte ich.

»Da war wohl der Wunsch der Vater des Gedankens«, ließ Regina sich vernehmen.

Hajo, der seine Pfeife ausnahmsweise in die Jackentasche gesteckt hatte, nickte. »Aber immerhin hat sie mit Bush jetzt den mächtigsten Verbündeten des Abendlandes«, fügte er ironisch hinzu.

»Guck mal die da.« Jenny schaute zu den Bänken direkt vor dem Hauptaltar, in denen sich bei unserem Rundgang mehrere Männer niedergekniet hatten. »Wie sehen die denn aus? Was haben sie denn für merkwürdige Kegel dabei?«, fragte sie flüsternd.

Die Männer waren in glänzende scharlachrote Roben gehüllt, neben ihnen auf den Bänken standen schwarze, glänzende Spitzhüte, von denen schwarze Tuchmasken herab hingen.

»Das ist eine der Nazarener-Bruderschaften, die nachher die Prozession anführen. Jede Bruderschaft hat ihre Farben, die hier rot und schwarz. Zur Prozession setzen sie die Spitzhüte auf und sind dann durch die Tuchmasken mit den Augenschlitzen vollkommen verdeckt. Sie sehen fast aus wie die Leute vom Ku-Klux-Klan, nur eben farbig.«

Die Gruppe hatte sich eng um mich geschart, um meine leise Erläuterung mitzubekommen.

»Warum verstecken sie sich unter den Umhängen und Masken?«

»Um unerkannt für die Sünden des vergangenen Jahres zu sühnen. Manche geißeln sich während der Prozession, um für besonders schwere Verfehlungen zu büßen. Ihr werdet das heute Abend bestimmt noch zu sehen bekommen. Ihre Sünden und ihre Buße geht nur sie und Gott etwas an, unter den Masken und Umhängen sind sie mit ihm allein.«

»Und warum die Spitzhüte? Die sind ja fast einen Meter hoch, das ist doch unpraktisch.«

»Die gehen auf die Schandhüte des Mittelalters zurück. Verurteilte wurden damit an den Pranger gestellt. Bis endlich im 19. Jahrhundert die absolute Macht der Kirche in Spanien gebrochen war, mussten die Angeklagten vor dem Inquisitionsgericht solche Hüte tragen. Die gesamte Bekleidung der Bruderschaften drückt Selbstanklage und den Wunsch nach Selbstbestrafung und anschließender Vergebung aus.«

»Meinen die das heute noch ernst?«

»Da bin ich nicht so sicher. Manchmal habe ich den Eindruck, es ist einfach Brauchtum, Tradition und gehört zum Karfreitag, wie bei uns die bunt bemalten Eier zum Ostersonntag.«

Um die Betenden nicht zu stören, gingen wir in den hinter dem Hauptaltar liegenden Gang der Apsis an einer Reihe von Grabmälern vorbei.

»Dies ist das Grabmal von *Alonso de Lugo, Conquistador de Tenerife y La Palma, Fundador de La Laguna*«, las ich die Inschrift vor. »Als Befehlshaber eroberte er 1492 die Nachbarinsel La Palma und 1496 – ihr erinnert euch sicher noch, wir sprachen schon darüber – nach langjährigen Kämpfen als letzte Kanareninsel Teneriffa. Er hat La Laguna als erste Hauptstadt Teneriffas gegründet. Vorher war hier allerdings schon der Sommersitz der Guanchenfürsten.«

Die Teilnehmer zerstreuten sich, um weitere Grabinschriften zu entziffern. Ich ging den halbrunden Gang allein bis zum Ende durch und schaute wieder in das Kirchenschiff. Die Bänke hatten sich weiter gefüllt. Hinter der

Bruderschaft mit den roten Umhängen knieten Brüder mit tiefvioletten Umhängen. Einige hielten die Hände vor das Gesicht gedrückt, andere hatten die Oberkörper nach vorn über die Gebetbuchablagen geworfen.

Geräuschlos näherten sich weitere Gestalten in violetten Umhängen von der Sakristei her, die gleichfarbigen Spitzhüte unter den Arm geklemmt. Gegenüber am Seitenaltar, vor dem die Virgen de los Remedios auf ihrem Podest stand, redete eine Gruppe in roten Umhängen miteinander. Wahrscheinlich verabredeten sie, wer wann die Statue während der Prozession tragen würde.

Rechts von mir am Hauptaltar waren zwei Leitern aufge-stellt worden, vier Männer bemühten sich, das riesige Kreuz mit der Darstellung des sterbenden Christus herunterzuneh-men. Ihre violetten Umhänge lagen in Häufchen am Fuße der Leitern. Jenny und Laura waren neben mich getreten. Wir schauten hoch.

Die beiden Männer ganz oben auf den Leitern lösten den Querbalken aus Stahlseilen. Sie riefen sich leise Kommandos zu und schauten hinunter zu denen, die den Längsbalken von unten hielten. Oh, der Mann, der den linken Teil des Querbalkens hielt, schwankte, der Balken glitt durch seine Finger, bevor er aber ganz hinunter rutschen konnte, hatte er nachgefasst und ihn wieder gepackt. Leise Flüche kamen von unten, auch der Mann, der das rechte Querbalkenende hielt, schimpfte sich den Schreck von der Seele.

Der aber, der die Aufregung verursacht hatte, reagierte nicht. Er starrte mir ins Gesicht. Es war Barnabé. Im selben Moment wie ich hatte Jenny ihn erkannt. Sie quetschte meine Hand. Ich drückte zurück. Regina, Hajo und Burghard kamen heran und schauten wie wir gebannt nach oben.

Burghard pfiff leise durch die Zähne. »Und nachher verschwindet er in seinem Bekleidungsversteck. Nimm Dich in Acht«, flüsterte er mir ins Ohr.

»Hör doch auf mit dem Quatsch«, gab ich ebenso leise zurück.

Hildegard nahte. Bevor sie Zeit fand, geräuschvolle Kommentare abzugeben, ging ich zurück in den Apsis-Gang, um die Gruppe dort noch einmal zu versammeln.

»So, wir verlassen gleich die Kathedrale. Ich möchte euch noch auf das barocke, siebenteilige Altarbild in der nächsten Seitenkapelle aufmerksam machen. Früher stand es als Rückwand des Hauptaltars an exponierter Stelle. Die Tafeln zeigen Szenen aus dem Leben Jesu. Ich werde an Ort und Stelle keine Erläuterungen geben, wir stören damit nur die Meditationen. Wenn ihr genug geschaut habt, folgt mir bitte nach draußen, wir treffen uns vor dem Haupteingang.«

Während die meisten Gruppenteilnehmer das Altarbild in Augenschein nahmen, ging ich schon hinaus. Jenny und Laura folgten mir sofort.

»Puh, mir ist ganz kalt geworden da drinnen.« Laura hüpfte auf und ab.

»Hast du Barnabé erkannt? Man bekommt ja langsam das Gefühl, der verfolgt uns«, meinte Jenny.

»Hoffentlich hat er nicht das Gefühl, wir verfolgen ihn.« Sie sah mich erstaunt an.

»Nun, wir bewegen uns ständig auf seinem Territorium. Er arbeitet im Fußballstadion, nicht wir. Er ist Nazarener, nicht wir.«

»Stimmt auch wieder.«

Die anderen verließen die Kirche. Bevor wir uns auf den Weg ins Restaurant machten, in dem wir die Zeit bis zum Beginn der Prozession beim Abendessen verbringen wollten, mit Fisch selbstverständlich, zählte ich noch einmal durch.

»Neun, zehn, wo ist Gabriele?«

»Ich bin hier, aber Dörte und Holger fehlen.«

Wir schauten ungeduldig in Richtung Tor, denn in La Laguna war es erheblich kühler als in El Médano, es lag ja auch 600 Meter höher als unser Ferienort am Meer. Nebelschwaden zogen von der Nordküste kommend in die Stadt. Zudem meldete sich nicht nur bei mir der Hunger. Dörte kam heraus, aber ohne Holger.

»Holger betet. Er bittet euch, nicht auf ihn zu warten. Wir finden das Restaurant allein, fangt ruhig schon einmal an.« Sie verschwand wieder in der Kathedrale. Wir machten uns auf den Weg.

»Ich wusste gar nicht, dass er so fromm ist.«

»Was hat er denn für Sünden begangen, dass er, statt mit uns zum Essen zu gehen, mit einer Schar unheimlicher Kapuzenmänner Buße tut?«

»Na, ist doch klar, er fällt Dörte und anderen Leuten ständig auf den Wecker.«

»Hoffentlich geißelt er sich deshalb nicht auch noch, das würde ich für übertrieben halten.«

Vielleicht tat er Buße, vielleicht bat er für etwas um Vergebung, vielleicht… Vielleicht trauerte er auch in dieser Weise um seinen Schwager Stefan.

»Wo bleiben sie denn? Es sollte doch um 21 Uhr 30 losgehen.«

»Zeitangaben darf man hier nicht so wörtlich nehmen.« Ich schaute auf meine Uhr. »Es ist erst 22 Uhr, das hält sich alles noch im Rahmen. Die Prozession muss um 24 Uhr komplett wieder in der Kathedrale sein, denn Mitternacht wird als Todesstunde begangen. Da wird es bald losgehen.«

Mehr als die Wartezeit beunruhigte mich, dass Dörte und

Holger nicht zum Essen erschienen waren. Ich hatte gehofft, sie spätestens in der Menge, die sich auf dem Vorplatz eingefunden hatten, zu treffen, aber ich konnte sie nirgends entdecken.

Zum x-ten Male reckte ich den Hals, um nach ihnen zu schauen. Nichts. Die wenigen Straßenlaternen warfen lediglich Lichtkreise auf die Köpfe in ihrer unmittelbaren Umgebung, dazwischen ließen sie große dunkle Flecken, in denen man die Menschen eher erahnen als sehen konnte.

Gleich nach unserem Eintreffen vor der Kathedrale hatte ich in der Kirche nachschauen wollen, aber der Zutritt war mir verwehrt worden.

»Holger scheint Glucken anzuziehen«, hatte Burghard meine vergeblichen Bemühungen spöttisch kommentiert. »Erst Dörte und jetzt auch noch dich. Vielleicht sollte ich mich auch so dusselig Mitleid erregend benehmen, dann hätte ich mehr Chancen bei dir. Aber Scherz beiseite, jeder weiß, wo der Bus steht, die beiden wissen auch, dass wir gegen halb zwölf zurückfahren wollen. Also, reg Dich ab, alles andere ist ihr Ding.«

Der hatte gut reden. Er war ja nicht der Reiseleiter. Er trug keine Verantwortung. Ihm konnte es egal sein, wie es den anderen Gruppenmitgliedern ging, ob sie uns verpassten und suchten oder sonst was mit ihnen geschah, aber mir nicht.

»Ich glaube, jetzt geht es los. Hört ihr es auch?«

Aus der Kathedrale drang ein gedämpfter, rhythmischer Trommelschlag.

»Du-dumm, du-dumm, du-dumm dumm dumm«

Die hohen Torflügel schwangen auf. Die Trommelschläge wurden lauter, während sich die Spitze des Zuges durch das Tor bewegte. Vorweg zwei Reihen von Ministranten. Mit hohen Kerzen in den Händen schufen sie eine Lichtbahn in der

Dunkelheit. Ihnen folgten die Trommler. Sie trugen schwarze Pluderhosen, die in schwarzen Schaftstiefeln steckten, und eng anliegende schwarze Wamse mit weißen Spitzenkragen, ganz im Stil des spanischen Hofes im 16. Jahrhundert.

»Du-dumm, du-dumm, du-dumm dumm dumm«, dröhnte es in unseren Ohren.

Die nächsten Ministrantenreihen beleuchteten drei Priester, die Kreuze an langen Stangen vor sich her trugen. Die Umstehenden bekreuzigten sich und murmelten Gebete. Hinter ihnen nahte die tiefviolett gewandete Bruderschaft. Die lilafarbenen Spitzhüte ragten wie hohe Tüten über den Köpfen der Männer. Die Tuchmasken fielen bis auf die Schultern und ließen selbst durch die Augen- und Mundschlitze nichts von den Gesichtern erkennen. Ein Zeremonienmeister und ein Bannerträger bildeten die Spitze. »Gesellschaft vom Kreuz von Golgata« war mit goldenen Fäden auf das dunkelviolette schwere Seidentuch gestickt.

Hinter den beiden schleppten stöhnend zwei Gestalten mehr als mannshohe Holzkreuze auf den Schultern. Ihnen folgte eine Viererreihe mit klirrenden Ketten an den Handgelenken. Alle holten gleichzeitig aus und schlugen sich die Ketten über die Schulter auf den Rücken. Neben mir schluchzte eine Frau auf.

»Na, so richtig fest zugeschlagen war das nicht gerade«, brummte Burghard.

»Wahrscheinlich tragen sie Polster unter dem Umhang, die den Schlag abfangen«, vermutete Hajo.

»Ich finde das ekelig. Mit Selbstverstümmlung konnte ich noch nie etwas anfangen«, ereiferte sich Jenny.

»Und als was würdest du die Ringe in Nasenflügeln und im Bauchnabel bezeichnen?«, fragte Burghard feixend.

Ich legte den Finger an die Lippen, denn die Menschen rings um uns warfen uns missbilligende Blicke zu.

Ob Barnabé unter den Ketten schwingenden Figuren war? Durch ihre Spitzhüte wirkten alle sehr groß. Bei genauerer Betrachtung waren die zwei in der Mitte der Reihe, die gerade vorbeizog, mittelgroß. Einer war so breit wie Barnabé. Die beiden Gestalten am Rand überragten sie. Lediglich vier schwarze Kerzen beleuchteten einen flachen, geräuschlos auf Gummireifen heranfahrenden, mit einem violetten Tuch verhängten Wagen. Er wurde von der Golgata-Bruderschaft gezogen. Auf ihm ruhte das mächtige Altarkreuz mit der Figur des sterbenden Jesus.

»Vater unser, der Du bist...« Die Lautstärke der Gebete erhöhte sich. Einige der Umstehenden sanken auf die Knie. Weihrauchfässchen schwenkende Ministranten bildeten den Abschluss dieser Gruppe. Dann folgten erneut Ministranten mit auf Stangen gesteckten Kerzen. Die Trommelschläge, die bisher den Zug begleiteten und die Schrittgeschwindigkeit vorgegeben hatten, verstummten. Der Zug stockte, die Ministranten stellten die Kerzenstangen ab. Der uns am nächsten stehende Junge holte unter seinem weißen Spitzenhemd eine dieser Colanuckelflaschen heraus, die gerade bei den Kindern in Mode waren und zog kräftig am Nippel. Zwei andere kamen heran und versuchten ihm die Flasche zu entwinden. Das anschließende Gerangel beendete ein Nazarener stumm, aber mit kräftigen Püffen.

»Du-dumm, du-dumm, du-dumm dumm dumm.«

Der Zug setzte sich wieder in Bewegung.

»Oh, wie hübsch, wie bei Carmen.« Hildegard drängelte sich nach vorn durch, um besser sehen zu können.

Eine in Dreierreihen gehende Frauengruppe trat aus dem Tor. Jede war in schwarze Spitze gekleidet. Die Kleider wurden wohl auch zu anderen Gelegenheiten getragen, einige zierte ein gewagtes Dekolleté. In den nach oben frisierten

Haaren steckten kunstvoll gestaltete hohe Kämme, von denen
Spitzenschleier über das Gesicht und bis über den Rücken
herabhingen. Alle Frauen beteten den Rosenkranz.

Die Menge stimmte in das Ave Maria ein. Den Frauen
folgten die in rote Umhänge gehüllten Mitglieder der Bruderschaft. Vorweg schritten auch hier der Zeremonienmeister
und der Bannerträger. Hinter ihnen klirrte es. Vier Brüder
schlurften barfuß in Fußketten, einer hatte sich gar eine Ei-
senkugel daran gehängt.

Beleuchtet wurde die Szene von Kerzen rund um die
Statue der Virgen de los Remedios. Mit Blumen geschmückt
schwankte sie auf der mit kostbarem Brokat verhüllten Plattform über den Köpfen der Menge. Von ihren Trägern waren
nur nackte Füße und roten Umhangsäume zu sehen.

»Ave Maria…«

Die betenden Frauen in der Menge schaukelten sich
gegenseitig hoch. Eine lauter und höher als die andere, bis
sie geradezu hysterische Schreie ausstießen, und mit ihnen
entstand eine Bewegung nach vorn. Knüffe trafen mich in
den Rücken und die Seiten. Immer mehr Frauen drängten
zur *Virgen de los Remedios*, küssten den herabhängenden
Stoffsaum, einige begleiteten gar die sich langsam entfernende
Figur, den Brokat festhaltend.

Nun standen wir nicht mehr in einer der vorderen Reihen.
Über viele Köpfe hinweg konnte ich nur noch die schwarzen
Spitzhüte der vorbeiziehenden Nazarener sehen.

»Ich sehe gar nichts mehr«, klagte Laura, die ebenso klein
war wie ich und neben mir auf Zehenspitzen stand.

»Lass uns doch einen besseren Platz suchen«, schlug
Jenny vor.

Sich wieder nach vorn zu drängen schien aussichtslos, die
Menge stand dicht an dicht.

Ich schaute fragend zu Martin und Gabriele, beide waren allerdings mindestens einen Kopf größer als wir drei und hatten damit nach wie vor eine gute Sicht auf die jetzt vorbeiziehenden behängten Gestalten.

Gabriele schüttelte den Kopf. »Wir bleiben hier, die Atmosphäre in dem Gedrängel gefällt mir.«

Burghard, Regina und Hajo wollten auch nicht mit uns kommen. Barbara und Georg hatten sich ohnehin etwas abseits auf eine Bank gesetzt. Ich bat sie, auf Hildegard zu achten, nachdem wir uns aus dem Pulk zu ihnen durchgearbeitet hatten. Hildegard behauptete als einzige von uns ihren Platz vorn. Mit einem »bis um halb zwölf am Bus« machten Laura, Jenny und ich uns auf den Weg.

Die Prozession war in die Straße Calle del Obispo Rey Redondo eingebogen, in der die Menschen genau wie am Kathedralenvorplatz dicht an dicht standen. An ein Durchkommen oder gar an einen besseren Platz war nicht zu denken.

Wir bogen deshalb in die schmale Calle de San Juan ein, um über die parallel zum Zug verlaufende Straße auf die Plaza del Adelantado zu gelangen. Dort würde es nicht so voll sein, sagte ich mir, notfalls könnten wir auch auf die Bänke oder auf den breiten Springbrunnenrand steigen und über die Köpfe schauen. Die Gasse lag dunkel und leer vor uns. Von der Calle del Obispo Rey Redondo drang der einfache Rhythmus der Trommler herüber:

»Du-dumm, du-dumm, du-dumm dumm dumm.«

Unsere Schritte hallten in einem schnelleren Takt von den Häuserwänden zurück. Als wir in die breitere, durch nur wenige Straßenlaternen kaum hellere und ebenfalls menschenleere Calle Herradores einbogen, durchzuckte mich ein Schmerz in der linken Wade. Mist, ein Krampf. Ich humpelte ein paar Schritte weiter, aber der Schmerz zwang mich anzu-halten und mich gegen eine Häuserwand zu lehnen.

»Was ist los?« Jenny und Laura kamen zurück.

»Ich habe einen Krampf im Bein.«

»Mach schon, setz dich.« Laura streckte fachmännisch mein Bein und drückte den Fuß zurück, während Jenny auf-geregt herumzappelte.

»Versuch mal, ob es jetzt geht.«

Ich stand auf, versuchte einen Schritt, der Schmerz schoss wieder hoch. Ich schüttelte den Kopf, versuchte eine weitere Streckübung im Stehen, zwecklos.

»Lauft ihr mal weiter.« Erleichterung zeigte sich in ihren Gesichtern. »Ich humpel zu den anderen zurück. Ihr müsst nur geradeaus und an der Einmündung nach links.«

Die beiden machten, dass sie weiter kamen. Ich hörte ihre sich schnell entfernenden Schritte.

Auch gut, ich musste ja nicht immer Kindermädchen spielen. Karfreitagsprozessionen hatte ich schon mehrfach gesehen. Ich würde mich gemütlich zu Barbara und Georg auf die Bank setzen und ein paar Lockerungsübungen machen, dann spätestens wäre ich meinen Krampf wieder los.

Nicht die Magnesiumtabletten vergessen, bevor du ins Bett gehst, ermahnte ich mich, als ich wieder in die Gasse bog, die helfen am besten gegen Muskelkrämpfe.

Am Ende der dunklen Gasse sah ich in einiger Entfernung das schwache Licht vom Kathedralenvorplatz und wie Sche-renschnitte, die Spitzhüte davor, die in die Calle del Obispo Rey Redondo abbogen.

Ein Spitzhut aber bewegte sich nicht mit dem Zug, sondern war geradeaus in die Gasse weitergegangen. Er kam, an der gegenüberliegenden Häuserzeile entlang gehend, auf mich zu. Vielleicht hat der auch einen Krampf bekommen und kann nicht mehr mitlaufen, dachte ich und bückte mich, um meine schmerzende Wade zu massieren.

Peng!

Direkt über mir knallte ein Stein gegen die Hauswand. Putz rieselte mir ins Haar. Jenny und Laura, die verrückten Hühner, war mein spontaner Gedanke, nun sind sie doch zurückgekommen.

Ich sah hoch. Doch von Jenny und Laura keine Spur, da war nur die tiefviolett verhüllte Figur auf der anderen Gassenseite.

Sie schaute zu mir herüber. Eine Bewegung zog meinen Blick magisch an. In der linken Hand schwang der Kapuzentyp eine Geißelkette. Ohne mich aus den Augen zu lassen, machte er einen Schritt auf mich zu, dann noch einen und noch einen. Ich stand wie fest gewachsen auf dem Pflaster.

Barnabé, durchzuckte es mich. Barnabé, das Schwein, er war der Steinwerfer vom Flughafen!

Aus den Augenwinkeln bemerkte ich Bewegungen am Gasseneingang. Mehrere Gestalten liefen in unsere Richtung, eine riss sich im Laufen den Spitzhut vom Kopf. Aha, da kamen seine Kumpane. Ich konzentrierte dennoch meine ganze Kraft auf den kostümierten Mann vor mir.

Die Kette rotierte jetzt jaulend im Kreis. Er war bis auf zwei Schritte herangekommen. Ich spannte meinen Körper, obwohl das linke Bein etwas einknickte.

In dem Moment, als er heran stürzen wollte, den Arm schon erhoben, um die Geißel auf meinen Kopf niedersausen zu lassen, sprang ich ihn an und stieß ihm den Hut vom Kopf. Die Kette erwischte mich dabei knapp über dem Ohr.

Das Gesicht über mir war nicht das von Barnabé, es war das von Holger! Er heulte auf, holte zum nächsten Schlag aus, aber eine Hand bog seinen Arm zurück.

Die Kette glitt klirrend zu Boden. Verwundert schaute ich ihr nach, bis sie sich wie eine Schlange auf dem Pflaster zusammenkringelte.

»Sind Sie in Ordnung?« Señor Molina legte mir die Hand auf die Schulter.

Ja, alles war in Ordnung, bis auf meine Knie, die waren beide plötzlich so weich und gaben unter mir nach.

Da lag ich also wieder auf dem Boden. Nur, dass dieses Mal das Blut aus meinem Kopf sickerte. Einen Schmerz fühlte ich seltsamerweise nicht. Ich spürte nur, wie etwas Dickflüssiges in mein Ohr und an meinem Gesicht entlang rann.

Neben mir kniete jetzt jemand, der in eine tiefviolette, glänzende Kutte gehüllt war und hielt meine Hand. Ein Kumpan von Holger konnte es jedenfalls nicht sein, wahrscheinlich ein verkleideter Polizist. Das war jetzt auch egal.

»*No te preocupes*, keine Sorge, gleich kommt die Ambulanz.« War das nicht die Stimme von Morpheus? Ich hob den Kopf und schaute in die besorgt blickenden Augen im wunderschönen Gesicht von Alejandro. Erleichtert ließ ich mich wieder zurück sinken.

An diesem Abend hatte Ramón keine Mühe, die Gruppe zusammen zu suchen. Es waren ja auch nur noch zehn, und die wussten, wo der Bus auf sie wartete. Dörte war Holger nicht von der Seite gewichen, nachdem sie ihn gefunden hatte, und war mit ihm ins Kommissariat gefahren.

Mich fuhr, nach einem Abstecher ins Hospital, Alejandro zurück. Mit acht Stichen, einem hübschen kleinen Mullverband über der Schläfe und nach einer Spritze in den Po fühlte ich mich ausreichend versorgt. Ärgerlich war nur, dass man mir die Stelle rund um die aufgeplatzte Kopfhaut kahl rasiert hatte. Das sah bestimmt einige Wochen lang ziemlich blöd aus.

Auf dem langen Weg zurück nach El Médano informierte mich Alejandro. Schade für Burghard, dass er nicht dabei war, er hätte einiges zu notieren gehabt.

»Also, als wir Corinna Neumann von der Tribüne begleiteten, kamen Holger und seine Frau sofort hinterher, und nachdem mir klar geworden war, dass sie seine Schwester ist, fand ich ihn schon irgendwie verdächtig. Das konnte doch kein Zufall gewesen sein, dass er am Flughafen war, als Stefan getötet wurde. Die Beziehung zwischen Dácil und Stefan war ein offenes Geheimnis und dass Corinna mit den Kindern ihn mindestens einmal verlassen hatte und zu ihrer Familie nach Deutschland zurückgekehrt war, hatte sich selbst bis nach Tenerife herumgesprochen.«

»Du musst wissen«, er grinste zu mir herüber, »die Fußballer sind schreckliche Neidhammel und Klatschbasen. Ausgerechnet an diesem Wochenende war auch noch ein Foto von Dácil und Stefan in der Holá erschienen, und dann stand sie da auch noch am Flughafen. Die Fernsehmeute und wir waren ganz schön gespannt, was wir zu sehen bekommen würden. Nur, was dann passiert ist, damit hatte niemand gerechnet«, schloss er seinen Bericht vorläufig.

»Gehörst Du zu denen vom Golgatakreuz?«, fragte ich mit dem Kopf auf den Rücksitz deutend, auf dem sauber zusammengefaltet eine lila Kutte und ein gleichfarbiger Spitzhut lag.

»Ich«, er lachte, »na hör mal, ich doch nicht.«

»Aber wie bist Du denn in dieser Aufmachung auf die Prozession gekommen?«

»Barnabé rief mich an. Weil er Euch in der Kathedrale gesehen hatte und dann plötzlich eines dieser Kostüme samt Geißel aus der Sakristei verschwunden war. Er wusste, dass mich alles interessiert, was euch betrifft.«

»Wegen des Geredes um Doping?«

»Ach, das ist doch dummes Zeug, nein.«

Er schwieg und tat so, als beobachtete er konzentriert die Fahrbahn und den Verkehr im Rückspiegel, dann warf er mir einen prüfenden Blick zu.

»Nein, er hatte bemerkt, dass ich mich für dich interessiere.«

Er löste eine Hand vom Lenkrad und streichelte meine Wange, dann schob er sie zwischen meine Hände, die auf dem Schoß lagen. Dort hielt ich sie umfasst. Gut, dass es so dunkel war, ich sah bestimmt idiotisch aus, wie ich selig unter meinem Verband hervor lächelte.

»Dann habe ich zuerst Señor Molina angerufen, bin nach La Laguna gerast und habe Barnabé seine Klamotten abgeschwatzt, damit ich mich unerkannt unters Volk mischen konnte.«

»Barnabé war gar nicht auf der Prozession?«

»Nein, ich hatte doch seine Sachen an. Als ich einen der Kettenschwinger in der Gasse verschwinden sah, bin ich hinterher. Den Rest kennst du ja.«

»Und Señor Molina, der hat dich gleich ernst genommen?«

»Ja, der war sogar total alarmiert, sonst wäre er doch nicht so schnell mit seinen Leuten dort aufgetaucht. Er hatte Holger schon auf der Liste der verdächtigen Personen. Bei der Vernehmung hatte Holger wohl einen falschen Aufenthaltsort für den Zeitpunkt des Wurfes angegeben. Toiletten eingezeichnet wo keine sind, und so. Señor Molina konnte nur kein Motiv erkennen.«

Ja, das Motiv. Ein großer lebensuntüchtiger Bruder, der meint, seine kleine Schwester vor einem Mann schützen zu müssen, der sie unglücklich macht. Ausgerechnet den sieht er plötzlich auf dem Flughafen in Madrid oder im Flieger und hat dort vermutlich noch in dieser dämlichen Zeitschrift mit dem Foto von Stefan und Dácil geblättert. Schon das hatte ausgereicht, um ihm den Mageninhalt auf Oberkante Unterlippe steigen zu lassen und bei der Ankunft sofort auf die Toiletten zu treiben. Nur, auf dem Weg dorthin hatte er alles zusammen gesehen: Stefan mit der schwangeren Dácil und den harten, schwarzen Unglücksstein. Wahrscheinlich hatte er Stefan nicht töten wollen. Wahrscheinlich wollte er ihm nur eine verpassen. Allerdings war er als ehemaliger Fünfkämpfer dafür ein zu guter Werfer. Wahrscheinlich hatte er einen besonders heftigen seiner unkontrollierten Ausbrüche gehabt, die ich ja schon kennengelernt hatte.

Der Rest der Fahrt verlief in nachdenklichem Schweigen.

Mit Lauras Hilfe steckte Alejandro mich ins Bett. Ich ließ es willenlos geschehen. Kaum unter der Decke fielen mir die Augen zu. In meinen Träumen bekam ich wieder Besuch. Der fühlte sich echt gut an, obwohl er kein Seidenhemd trug. Wenn ich mich richtig erinnere, trug er gar kein Hemd.

Samstag

Ein Sonnenstrahl blendete mich. Ich drehte den Kopf zur Seite und sah auf den Wecker: Es war halb elf. Mit einem Ruck war ich hoch.

Mit einem weiteren stand ich auf den Beinen. Aus dem Spiegel über der Kommode blickte mich ein blasses Gesicht mit einem kleinen Verband über der Schläfe und merkwürdig abstehenden Haaren an. Ich tastete nach dem Mull. Ja, das war mein Kopf.

Plötzlich fiel mir der gestrige Abend wieder ein, der Schreck fuhr mir in die Glieder, und ich musste mich erst einmal auf den Sessel vor der Kommode setzen.

Im Spiegel sah ich eine Bewegung unter der Bettdecke. Alejandros Kopf lugte aus den Kissen, und der sah auch verstrubbelt noch süß aus.

»Was machst du in meinem Bett? Schnell, hilf mir, ich muss sofort zur Gruppe. Warum haben die mich nicht geweckt?«, stieß ich hervor.

»Die Gruppe«, er sah auf seine Armbanduhr, »wird wohl jetzt gerade mit dem Aufstieg auf den Teide beginnen.«

»Wieso?«

»Komm her«, er klopfte auf das Kopfkissen, »dann erkläre ich es dir. Du brauchst noch Ruhe.«

Hatten wir oder hatten wir nicht? Ich konnte mich jedenfalls nicht daran erinnern. Bevor ich unter die Decke kroch, warf ich einen Blick auf den, der darunter lag. Er sah auch unterhalb des Halses zum Anbeißen aus und trug einen tomatenroten Slip. Das Laken war nicht besonders zerknüllt, wie ich beruhigt feststellte. Das wäre ja auch ein Ding gewesen:

Latin Lover macht sich an verletzter, schlafender Reiseleiterin zu schaffen.

»Also, was möchtest du zuerst wissen?«

»Was ist mit der Gruppe? Mit wem besteigt sie gerade den Teide?«

»Der CD hat nicht nur eine Fußballabteilung und eine für kanarischen Traditionssport, sondern auch eine für *Montañeros*, für Bergsteiger. Ich habe Miguel, ihren Leiter, angerufen, und er hat die Gruppe heute Morgen um Punkt neun Uhr abgeholt. Beruhigt?«

Ja, ich war beruhigt. Dass Alejandro nicht die ganze Nacht auf dem Sessel verbringen wollte, konnte ich auch verstehen. Obwohl, so gefährlich, dass ich eine Nachtwache gebraucht hätte, erschien mir die Wunde am Kopf nun auch wieder nicht.

»Wenn Du dich drei Trage nicht anstrengst, heilt die Verletzung gut ab, und in sechs Tagen können die Fäden gezogen werden.«

»Heute ist Samstag, der erste Tag. Morgen Sonntag, da brauche ich nur die Gruppe zum Flughafen zu bringen und die neue Gruppe abzuholen, der zweite Tag. Für Montag steht der Ausflug nach Masca auf dem Programm, wenn es nötig ist, könnte Paco ohne mich wandern, dritter Tag. Ja, das ginge.«

»Nun reicht es aber, Frau Reiseleiterin. Kannst du nie an etwas anderes denken?«

Doch, ich konnte, und es gab wirklich noch schönere Dinge zu tun, als mit meiner Gruppe auf den Teide zu steigen. Im Bett frühstücken zum Beispiel, mich dann in Alejandros zärtliche Arme zu kuscheln und...

Na ja, Sie wissen schon.

Ostersonntag

»Pass auf Dich auf.« Burghard flüsterte das letzte Mal in mein Ohr, dann verschwand er durch die Absperrung, die zur Handgepäckkontrolle führte.

Jemand aus der Gruppe, vermutlich die gute Laura, hatte ihm wohl gestern noch die Haare geschnitten. Jetzt, bei der Abreise sah er viel besser aus als in der vergangenen Woche bei der Ankunft. Leicht gebräunt, durch die Wanderungen gestrafft, mit gestutztem Schnauzer und kurzen Haaren, erhöhten sich seine Chancen bei den Frauen bestimmt. Ich gönnte es ihm.

Hinter den offenen Türflügeln winkten Jenny und Laura mir noch einmal zu. Die anderen waren nach vielen Umarmungen und vereinzelten Küssen schon in den Gängen der Abflughalle verschwunden. Gabriele und Martin hatten beim Einchecken getrennte Plätze genommen.

Plötzlich fühlte ich mich total allein gelassen, hatte sogar einen Kloß im Hals. Fast hätte ich auf offener Szene los geheult. Was sollte das denn? Fiel jetzt die Anspannung der letzten Woche von mir ab? Würde es immer so werden, wenn ich eine Gruppe verabschiedete?

Ich wollte meine Stirn gegen die Glasscheiben drücken, um noch einen letzten Blick auf Burghard, Jenny und Laura zu werfen, stieß aber nur mit dem Schirm der Baseballkappe dagegen, unter der ich das Pflaster, das den Mullverband abgelöst hatte, versteckte.

»Die Fluggesellschaft Iberia teilt Ihnen mit, dass der Flug E09131 aus Madrid soeben gelandet ist. *La compañía Iberia...*«

Keine Verspätung dieses Mal. Das fing ja planmäßig an, hoffentlich ging es auch so weiter. Noch so eine Woche wie die vergangene, und ich würde wohl meinen neuen Job wieder an den Nagel hängen und lieber gleich meine Restaurantträume verwirklichen.

Ich riss mich los und machte mich auf den Weg in die Ankunftshalle. Dort hielt Ramón die Stellung rechts von der Schranke und wartete auf mich mit dem Pappschild unterm Arm.

ENDE

> **Lesen Sie auch:**

**Literatur über die Kanarischen Inseln.
Romane, Krimis, Sachbücher . . . . . .**

Sodom und Gomera

Kriminalroman
von Mani Beckmann

Als Ute nach vielen Jahren eine Postkarte von ihrer Zwillingsschwester von den Kanaren erhält, spürt sie sofort, dass sich dahinter ein verzweifelter Hilferuf verbirgt. Sie reist nach Gomera, um ihre Schwester zu suchen. Es soll eine Reise in tragische Verstrickungen und in das Reich einer gefährlichen Sekte werden...

»Launig erzählt Mani Beckmann einen Urlaubskrimi der heiteren Art. Trefflich schaut er dieser eigentümlichen Klasse von Urlaubern aufs Maul.« (Diabolo, Oldenburg)

Zech Verlag, Teneriffa 2009
ISBN 978-84-934857-7-1

Krimi

Tödlicher Abgrund

Kriminalgeschichten
von Karl Brodhäcker

»Das Thermometer kletterte in die Höhe. Tobias wischte sich den Schweiß von der Stirn. Wolkenloser blauer Himmel wölbte sich über die Berggipfel und kündete für den Süden Gran Canarias wieder einen heißen Tag an. Da näherten sich zwei Pkw mit hoher Geschwindigkeit auf der kurvenreichen, schmalen und steilen Straße von Fataga her. Tobias schüttelte den Kopf über so viel Leichtsinn. Ob da zwei Fahrer bei einer Wettfahrt ihre Kräfte messen wollten...?«

Zech Verlag, Teneriffa 2009
ISBN 978-84-934857-5-7

Krimi

Krimi & Thriller

Der Vulkanteufel

**Kanaren-Thriller
von Harald Braem**

Harald Braems fantastische Geschichte spielt auf der kanarischen Insel La Palma. Unvermittelt bricht Unheimliches in das Gleichmaß des Pauschaltourismus ein und führt uns an magische Orte, zu dunklen Ritualen im Schatten mächtiger Vulkane.

Der Vulkanteufel, mitreißend wie ein Thriller, lässt Gegenwart und Vergangenheit zu einer eigenen Wirklichkeit verschmelzen. Gleichzeitig wirft der Roman ein Schlaglicht auf die Probleme unserer Zeit.

Zech Verlag, Teneriffa 2010
ISBN 978-84-934857-2-6

Thriller

Tod im Barranco

**Der neue Kanaren-Thriller
von Bestseller-Autor
Harald Braem**

Eine Reihe mysteriöser Verbrechen sorgt auf den Kanareninseln La Gomera, Teneriffa und Gran Canaria für Aufregung. Ein getöteter Drogenkurier im Barranco. Ein Schriftsteller mit seiner Freundin. Ein homosexuelles Urlauberpaar. Die Polizei steht vor einem Rätsel. Wer steckt dahinter? Wo ist der Zusammenhang? Doch der Wahnsinn geht erst richtig los...

Zech Verlag, Teneriffa 2012
ISBN 978-84-938151-5-8

Thriller

Das Drachenbaum-Amulett

Der Krimi-Erstling von Volker Himmelseher

Auf Teneriffa ereignen sich rätselhafte Serienmorde, vor denen auch Touristen nicht verschont bleiben. Am Tatort bleibt jedes Mal ein kleines Drachenbaum-Amulett zurück: Indiz für eine Opferweihe? Kriminalpsychologin Dr. Teresa Zafón zeichnet das Profil eines Ritualmörders, der schon bald wieder zuschlagen wird... Die Spur der Ermittler führt in den Souvenir-Großhandel.

Zech Verlag, Teneriffa 2010
ISBN 978-84-934857-8-8

Krimi

Tödliche Gier

Von Volker Himmelseher

Der deutsche Rentner Erwin Stein wird in seinem Haus in Santa Úrsula ermordet aufgefunden. Wer sollte ein Motiv haben, den unbescholtenen Bürger umzubringen? Der allein stehende Deutsche hatte seine Immobilie noch zu Lebzeiten dem lokalen Grundstücksbaron gegen Leibrente verkauft...
Die Spur führt bald hinter die Kulissen der honorigen Gesellschaft der Bauherren, Bürgermeister und Bankdirektoren.

Zech Verlag, Teneriffa 2011
ISBN 978-84-938151-4-1

Mord nach Missbrauch

Der 3. Fall von Inspektor Martín und Dr. Zafón

Zech Verlag, Teneriffa 2012
ISBN 978-84-938151-3-4

Geschichte

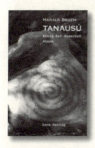

Tanausú

**König der Guanchen
Roman von Harald Braem**

Während Kolumbus sich aufmacht, Amerika zu entdecken, will der Spanier Alonso de Lugo La Palma erobern, die einzige Kanaren-Insel neben Teneriffa, die noch nicht den Katholischen Königen unterworfen ist. 1492 landet er mit drei Schiffen vor der Westküste La Palmas . . .

»Kompliment! So kann man den Menschen Geschichte näher bringen!« *(Offenbach Post)*

Zech Verlag, Teneriffa 2003
ISBN 978-84-933108-0-6

Historischer Roman

Der König von Taoro

Historischer Roman der Eroberung Teneriffas, von Horst Uden

Lassen Sie sich verführen zu einer Zeitreise ins 15. Jahrhundert.
Sie werden Teneriffa danach mit anderen Augen sehen.

»Ein Werk, an dem niemand achtlos vorbei geht.« (Francisco. P. Montes de Oca García (†), Historiker des kanarischen Archipels)

Zech Verlag, Teneriffa 2001
ISBN 978-84-933108-4-4

Historischer Roman

Neu im Zech Verlag

Der Kojote im Vulkan
**Märchen und Mythen
Von Harald Braem**

- Wie die Kanarischen Inseln ihren Namen erhielten
- Regenzauber
- Die Schlucht der Todesängste
- Die Mutter aus dem Meer
- Fuerteventura
- Die Trauminsel
- Die grausame Beatriz von Bobadilla
- Die Hexenschlucht
- Die Teufelsmauer
- Wie die Pfeifsprache entstand
- Die springenden Lanzen
- Die heilige Quelle v. Fuencaliente
- Die Drachenbäume
  ... und viele andere

Zech Verlag, Teneriffa 2012
ISBN 978-84-938151-6-5

Legenden · Geschichte

Unter dem Drachenbaum
**Kanarische Legenden
Von Horst Uden**

Um die »Glücklichen Inseln« ranken sich zahlreiche Sagen und Legenden. Horst Uden hat den kanarischen Archipel in den 1930-er Jahren besucht und Erzählungen von allen Inseln aufgezeichnet. Er schildert Märchen und Mythen, Piratenabenteuer, Liebesgeschichten, Volksweisheiten, Anekdoten.

Zech Verlag, Teneriffa 2007
ISBN 978-84-933108-2-0

Legenden · Geschichte

Auf den Spuren der Ureinwohner

Ein archäologischer Reiseführer, von Harald Braem

Spannende Entdeckungstouren auf Teneriffa, Gran Canaria, La Palma, La Gomera, El Hierro, Lanzarote, Fuerteventura. Der bekannte Buch- und Filmautor Harald Braem forscht seit 25 Jahren auf den Kanaren. Folgen Sie ihm auf den Spuren der Ureinwohner zu Kultplätzen, Höhlen, Pyramiden und zu rätselhaften Zeichen einer geheimnisvollen, versunkenen Kultur...

Museen, praktische Tipps, Literaturhinweise. Mit zahlreichen Illustrationen.

Zech Verlag, Teneriffa 2008
ISBN 978-84-934857-3-3

Sachbuch · Geschichte

Alexander von Humboldt

Seine Woche auf Teneriffa 1799, von Alfred Gebauer

Alexander von Humboldts erste Station zu Beginn seiner fünfjährigen Forschungsreise nach Südamerika war die Insel Teneriffa. Er bestieg den Vulkan Teide und maß dessen Höhe mit außerordentlicher Genauigkeit, studierte die Insel in geologischer, botanischer, astronomischer Hinsicht und entwickelte seine Wissenschaft von der Pflanzengeographie.

Originaltexte und Zeichnungen aus Humboldts historischem Reisebericht. Zahlreiche Illustrationen und Erläuterungen zur Natur und Geschichte Teneriffas. Vorwort von Ottmar Ette

Zech Verlag, Teneriffa 2009
ISBN 978-84-934857-6-4

Sachbuch · Geschichte

Der Inseltraum

Story einer Aussteigerin, von Marga Lemmer

1967. Die deutsche Frauenbewegung steckt noch in den Kinderschuhen, als Marianne Vocke sich entschließt, nach Teneriffa auszuwandern und noch einmal von vorn anzufangen.

Marianne hat den Inseltraum, der oft zum Alptraum geriet, mit allen Konsequenzen gelebt...

Die Geschichte einer Aussteigerin: ehrlich – ungeschminkt – lebensnah.

Zech Verlag, Teneriffa 2008
ISBN 978-84-934857-4-0

Frauen · Auswandern

Gefühle inklusive

Urlaubslieben und was aus ihnen wurde, von Andrea Micus

Fast jede Frau hat sich schon einmal im Urlaub verliebt, manche legen es sogar Jahr für Jahr darauf an. Was macht Pablo, den einheimischen Fischer aus Teneriffa, so viel attraktiver als Peter, den Angestellten aus Gelsenkirchen? Und was wird nach dem Sommer aus den romantischen Gefühlen? Nicht alle Urlaubsflirts enden als Strohfeuer, einige münden durchaus in dauerhafte Beziehungen oder Ehen... Andrea Micus erzählt die Geschichten von neun Frauen, die diesen Sprung gewagt haben.

Zech Verlag, Teneriffa 2010
ISBN 978-84-938151-0-3

Frauen · Auswandern

Galerie der kanarischen Volksbräuche

Naive Malerei von Ángeles Violán

Die schönsten kanarischen Traditionen im Spiegel der naiven Malerei von Ángeles Violán. Szenen von schlichter Schönheit und glaubwürdiger Kulturinformation. Mit Texten von Rafael Arozarena (Kanarischer Literaturpreis).

Gebundene Ausgabe, farbig illustriert mit 45 Bildern

Zech Verlag, Teneriffa 2006
978-84-933108-9-9
(deutsch)
978-84-933108-6-8
(spanisch)
978-84-933108-8-2
(english)

Kunst

Spanisch im Alltag

Ein praktischer Sprachführer von Luis Ramos

Mit diesem praktischen Sprachführer findet sich der Spanisch-Anfänger schnell am Urlaubsort zurecht, sei es im Taxi, an der Rezeption, am Post- oder Bankschalter, bei Freunden zu Hause und in vielen anderen Alltagssituationen.

Über 500 Redewendungen, Vokabeln und praktische Tipps. Illustriert von Karin Tauer.

Zech Verlag, Teneriffa 2007
ISBN 978-84-934857-1-9

Sprachen

Zech Verlag in Spanisch

El salvaje gentilhombre de Tenerife
La singular historia de Pedro González y sus hijos, de Roberto Zapperi, Zech 2006
ISBN 978-84-933108-7-5

Tras las huellas de los aborígenes
Guía arqueológica de Canarias, de Harald Braem, Zech 2010
ISBN 978-84-934857-9-5

El rey de Taoro
Novela histórica de la conquista de Tenerife, de Horst Uden, Zech 2004, ISBN 978-84-933108-1-6

Tanausú, rey de los guanches
Novela de Harald Braem, Zech 2005, ISBN 978-84-933108-5-9

Bajo el drago
Leyendas y de las islas Canarias, de Horst Uden, Zech 2010
ISBN 978-84-933108-3-7

Guía naïf de costumbres canarias
De Ángeles Violán y Rafael Arozarena, Zech 2006
ISBN 978-84-933108-6-8

Premio Novelpol 2003 Mejor novela negra en España

Harraga. Novela negra
De Antonio Lozano

Jalid, un joven camarero del tangerino Café de París, sueña con otros mundos. Sale en su búsqueda de la mano de un amigo afincado en Granada, y su ruta se convierte en una corriente de aguas turbias contra la que le será imposible nadar. Desde las tinieblas, el relato de la bajada al abismo de un joven tangerino atrapado entre la tradición y su nueva vida, y abocado a elegir entre dos caminos, en un laberinto en que ninguno de ellos conduce al paraíso soñado.

Entre idas y vueltas, tráfico de drogas y de seres humanos, el escritor nos relata en esta novela negra sobre corrupción política el drama que se ven obligados a vivir todos los que desean salir de la extrema pobreza e ir en pos de su sueño europeo.

Zech Verlag, Teneriffa 2011
978-84-938151-2-7

Original in Spanisch

> **Lesen Sie auch:**

Harraga

**Im Netz der Menschenhändler
Politischer Kriminalroman
von Antonio Lozano**

Bester Krimi in Spanien: Premio Novelpol 2003

Khalid, ein junger Kellner aus der Medina von Tanger, träumt von einem besseren Leben in Europa. Über einen marokkanischen Landsmann kommt er nach Granada. Gefangen zwischen den Erwartungen seiner armen Familie und seinem neuen Leben im vermeintlichen Paradies, steht er bald in einer tödlichen Sackgasse...

Flüchtlingsdrama an der Meerenge von Gibraltar: Korruption, Menschenhandel, Mord, Verzweiflung. Antonio Lozano schildert in diesem Roman hautnah eine menschliche Tragödie, wie sie sich täglich hundertfach an den Grenzen der »Festung Europa« abspielt.

Antonio Lozano (geb. 1956 in Tanger, Marokko) schreibt politische und Kriminalromane. Er ist Lehrer und Übersetzer für die französische Sprache.

Übersetzung aus dem Spanischen von

Dorothee Leipoldt und Verena Zech

Zech Verlag, Teneriffa 2011
ISBN 978-84-938151-1-0

Deutsche Erstausgabe 2011

Bestellungen:

Zech Verlag · Carretera Vieja, 40 · E-38390 Santa Úrsula
Tlf./Fax: (+34) 922-302596 · E-Mail: info@zech-verlag.com
Internet-Shop:

www.zech-verlag.com